AISTRIGHLEAT
maolmhaodhóg ó ruairc

Cois Life Teoranta
Baile Átha Cliath

Tá Cois Life buíoch de Bhord na Leabhar Gaeilge agus den Chomhairle Ealaíon as a gcúnamh.
An chéad chló 2007 © Maolmhaodhóg Ó Ruairc
ISBN 978 1 90117 669 8
Clúdach agus dearadh: Alan Keogh
Clódóirí: Betaprint
www.coislife.ie

Clár

Brollach 1

CUID A hAON

1 Prionsabail an aistriúcháin 5

2 Forás stairiúil
    2.1 Na haistriúcháin a d'fhoilsigh an Gúm 8
    2.2 Difríochtaí idir Béarla agus Gaeilge 9
    2.3 An t-aistritheoir inniu: 12
           dualgas agus misneach
    2.4 Laincisí a dhíchur 13
    2.5 Éiginnteacht 15
    2.6 Uaigneas 21
    2.7 Meon nua 23

3 Foclóir agus Focal
    3.1 Bunphrionsabail 25
    3.2 Dúshlán na haoise: roinnt samplaí 27
    3.3 Foinsí téarmaíochta 34
    3.4 Bearnaí sa tuiscint 35
    3.5 Bearnaí sa fhriotal nó 'fuzziness' 40
    3.6 An tséimeantaic 42
    3.7 An choibhéis 45
    3.8 An focal féin 47
    3.9 Foclóir 49

3.10	Ceird na téarmaíochta	51
3.11	Neamhbhuaine sa chiall	54
3.12	Teicníc an fhoclóra	61
3.13	An réamhfhocal	62
3.14	An comhthéacs	64
3.15	Foclóir pearsanta	66
4.	**Gnéithe gramadúla**	**68**
4.1	Cad is gramadúil ann?	71
4.2	Castacht sa chatagóir	73
4.3	Comharthaí sóirt an bhriathair	74
4.4	An aimsir ghnáthláithreach: *bí* nó *tá*	75
4.5	Saorbhriathar nó aidiacht bhriathartha	78
4.6	Na haimsirí	82
4.7	An t-ainmfhocal	88
4.8	An ginideach	90
4.9	An aidiacht	95
4.10	An t-ainm briathartha	100
4.11	Sampla traidisiúnta	102
4.12	Comharthaí sóirt na habairte	104
4.13	An clásal coibhneasta nó *an charraig a chonaic an madra*	108
4.14	An t-ord san abairt	110
4.15	Ord na n-aidiachtaí	112
4.16	Tábhacht le hinscne	116
5.	**Achoimre agus focal scoir: gá le cur chuige sainráite**	**121**

Clár

CUID A DÓ

6. Ceachtanna éagsúla: 125
   téacsanna a bhaineann le réimsí éagsúla

7. Téacsanna mar aon le réiteach samplach   144

NÓTAÍ AGUS FOINSÍ   181

NODA

CO (1958): Gramadach na Gaeilge agus litriú na Gaeilge: an Caighdeán Oifigiúil. Baile Átha Cliath. Oifig an tSoláthair.

CT: An Coiste Téarmaíochta, Foras na Gaeilge.

DIL (1913-75): (Contributions to a) Dictionary of the Irish Language. Dublin. Royal Irish Academy.

FGB (1977): Foclóir Gaeilge-Béarla, Niall Ó Dónaill. Baile Átha Cliath. An Gúm.

GGII (1999): Graiméar Gaeilge na mBráithre Críostaí. Baile Átha Cliath. An Gúm.

Ó Duin/An Duinníneach (1927): Foclóir Gaedhilge agus Béarla, Patrick S. Dineen. London. Irish Texts Society.

Brollach

Is dána an mhaise don té a thugann faoi threoracha a thabhairt do lucht aistriúcháin. Bíodh is go raibh an t-aistriúchán á chleachtadh sa Ghaeilge riamh anall ní dhearnadh aon staidéar ar cheird an aistriúcháin i gcomhthéacs na Gaeilge. Ba thábhachtaí an leagan Gaeilge a bheith ann ná an fonn an t-aistriúchán a chíoradh.

Tá an oiread aistriúchán le déanamh agus á ndéanamh faoi láthair gur mithid súil a chaitheamh ar chuid de na deacrachtaí a ghabhann le ceird an aistriúcháin go Gaeilge go háirithe toisc éiginnteacht na teanga féin.

Ní lámhleabhar ná treoirleabhar é seo ach smaointe fánacha agus corrchomhairle a d'eascair ón taithí atá agam féin san aistriúchán. B'fhéidir gurb é an fhéinmhuinín an tréith is úsáidí ag an aistritheoir óir tig leis bheith cinnte nach n-aontóidh aon duine leis an leagan a chuireann sé ar fáil. An té nach ndéanann an t-aistriúchán is aige i gcónaí atá an réiteach is fearr ar gach ceist. Níl mé ag súil mar sin go mbeidh éinne ar aon aigne leis na tráchtaí atá déanta anseo ná leis na haistriúcháin shamplacha atá tugtha ag deireadh an tsaothair.

Is cuma faoi sin. Níl iontu ach pointe tagartha. An té nach bhfuil sásta le haon rud níl le déanamh aige ach a chaisleán féin a thógáil ar an míchruinneas agus an neamhchríonnacht seo. Ní mór díospóireacht a thosú faoi na ceisteanna go léir a bhaineann leis an teanga agus san am atá romhainn is cosúil go mbeidh an díospóireacht sin bainteach leis an aistriúchán ach go háirithe.

Aistrigh Leat

Tá mé faoi chomaoin mhór ag Caoilfhionn Nic Pháidín a mheall mé chun tabhairt faoin obair seo a chéaduair agus a thug spreagadh agus misneach agus treoir dom ó thús deireadh. Murach í ba dhoiléire i bhfad an saothar mar ba mhinic a chuir sí ar bhealach mo leasa mé. Ní uirthi, áfach, atá aon locht le cur. Caithfidh mé mo leithscéal a ghabháil le mo bhean Marie a ndearnadh faillí inti le sé mhí anuas agus mo bhuíochas a chur in iúl di as bheith chomh foighneach liom i gcónaí. Tá mé faoi chomaoin mhór freisin ag Linda Rogers a rinne an chuid is mó den chlóscríbhneoireacht dom, a chuidigh liom go mór le ceisteanna teicniúla agus a thug caoi dom m'aird a leagan ar na codanna teoiriciúla den obair.

Tá mé an-bhuíoch roimh ré de na léitheoirí uile bíodh siad ina n-ábhair aistritheoirí nó ina n-aistritheoirí seanchríonna nó eile atá sásta cion fir a dhéanamh ar son na ceirde agus ar son na Gaeilge. Tá súil agam go maithfidh siad mo dhánacht dom ach níl sna leaganacha atá molta agam ach mo thuairim féin agus níl aon údarás ar leith acu ach, tá súil agam, bua na soiléire agus na sothuigtheachta. Níl iontu ach iarracht na teoiricí atá leagtha amach agam tríd síos a chur i bhfeidhm.

Formhór na samplaí (abairtí nó sleachta) atá pléite sa saothar seo, is cóiriú iad ar théacs a bhí le haistriú mar fhógrán nó mar dhoiciméad poiblí. Nuair atá líne faoin bhfocal, abairt nó frása, ciallaíonn sé go bhfuil gluais nó míniúchán de shaghas éigin ag gabháil leis.

An Bhruiséil, 20 Meán Fómhair 2006

Cuid a haon

Cuid 1

I - Prionsabail an aistriúcháin

Bhí cinniúint na Gaeilge fite fuaite san aistriúchán ó thús na hathbheochana. Má bhíothas ag brath ar aistritheoirí tráth is cosúil gurb amhlaidh atá athuair. Nuair a iarradh ar mháistrí na Gaeilge cuid de na mórshaothair a aistriú ó theangacha eile sna 1930í bhíothas ag súil le bonn daingean dobhogtha a chur leis an teanga agus léitheoirí a mhúnlú de réir na gcaighdeán is fearr sa teanga. Is amhlaidh atá arís ach sa mhéid seo: obair don tsamhlaíocht a bhí i gceist an chéad uair ach obair de chineál maorlathach atá ann feasta.

Is iomaí mairg a chuireann an Ghaeilge ar an aistritheoir. Tá doiciméid á n-aistriú aige nach léifear go deo. Níl de shástacht aige ach an tsástacht intleachtúil a bhaineann sé féin as an obair. Ní thabharfar moladh dó choíche ach ní chiallaíonn sé sin go bhfuil sé slán ón gcáineadh. Bíodh is go bhfuil eagras ann anois chun aistritheoirí a chreidiúnú níl aon eagras ann chun teacht i dtarrtháil orthu.

Bíodh sin mar atá níl de chuspóir agam ach cuid den ualach a thógáil agus an sochar a ghabhann leis an aistriúchán a mheabhrú. Is dúshlán uafásach ach dúshlán inspéise é. Ní mór misneach agus léirstean agus géarchúis agus diongbháilteacht a bheith ag an té a thugann faoi. Thar aon ní, is dócha, tá gá le féinmhuinín thar na bearta, le flosc chun oibre, le hoscailteacht aigne, le caidéis, le cumas marana, le dúil sa teangeolaíocht mar a bhfuil léargais iomadúla le fáil chun na deacrachtaí sa Ghaeilge a cheansú, deacrachtaí atá docheansaithe go minic.

Aistrigh Leat

Nuair a smaoinítear ar cheird an aistriúcháin i gcomhthéacs na hÉireann is doiligh na ceachtanna atá le foghlaim ón ngnáthaistriúchán idir teangacha eile a chur i bhfeidhm air. Ar an gcéad dul síos tá tuairim ar leith againne, Gaeilgeoirí, i dtaobh an aistriúcháin. De ghnáth tá buntéacs ann agus an t-aistriúchán a dhéantar ar an mbonn sin a fhéachann leis an mbunchiall sa bhuntéacs mar aon leis na fíneáltachtaí uile atá ann a thabhairt sa dara teanga.

Tá dualgas ar leith ar an aistritheoir óg mar sin mioneolas a chur ar an dá theanga. I dtaca leis an mBéarla de baineann an t-eolas sin leis na gnéithe teangeolaíocha sin den teanga nach rithfeadh leis mar chainteoir ó dhúchas. I dtaca leis an nGaeilge de, ciallaíonn sé nach leor an t-eolas ginearálta ach gur gá mioneolas ar an ngramadach, ar mhionphointí na gramadaí - lena n-áirítear na mionphointí iomadúla atá gan réiteach fós - ionas go dtig leis gach teilgean cainte a láimhseáil agus gach fadhb san urlabhra a shárú. Is é is tábhachtaí gan amhras, ní hé go bhfuil freagra aige ar gach ceist ach go dtuigtear dó cad iad na deacrachtaí atá ann agus cá bhfuil a bhfuascailt le fáil. Más mian leis an aistritheoir a ábaltacht i mbun na Gaeilge a thástáil agus a mheas agus a fheabhsú, níl bealach is fearr ann ná dul i mbun na gnáthscríbhneoireachta pearsanta, in aghaidh an lae, chomh minic agus is féidir.

Níor mhiste freisin eolas a chur ar na seansaothair a bhfuil sainléargas le fáil iontu ar shaibhreas na Gaeilge agus a bhí mar threoirleabhair ag na glúnta, saothair amhail *Cora Cainte as Tír Chonaill,* Mac Maoláin (1992); *An Béal Beo,* Ó Máille (2002); *Sean-Chaint na nDéise,* Ó Síothcháin (1944); *Réilthíní Óir,* Mac Clúin (1922); *Lorg an Bhéarla,* Mac Maoláin (1957). Tá cuid acu as cló ach is gné amháin é de shaol aoibhinn an aistritheora iad a

Cuid 1

chuardach i measc na sladmhargaí sna haontaí leabhar. Feictear ó am go chéile sna háiteanna céanna seanchóip de na foclóirí iontacha ar chuir an Duinníneach (1927), McKenna (1935) agus O'Neill-Lane (1918) eagar orthu i bhfad siar. Ba cheart don aistritheoir é féin a thumadh sna saothair sin óir is féidir leis a fhéinmhuinín a neartú trí dhul i dtaithí orthu agus a thuiscint don ghontacht agus don chlisteacht atá sa teanga a dhaingniú.

Mar is é is buanchuspóir don aistritheoir go Gaeilge, ag féachaint don bhunlaige atá air mar aistritheoir nach bhfuil an Ghaeilge ó dhúchas aige, a chuid eolais a fheabhsú gan staonadh ar an gclisteacht friotail agus an éagsúlacht meoin agus an dearcadh difriúil is dual don teanga. Tá an Béarla chomh forlámhach sin sa timpeallacht agus cur chuige agus modhanna an Bhéarla chomh forlámhach sin san aigne againn, ní nach ionadh, go gcaithfimid tréaniarracht a dhéanamh éalú ón laincis sin agus sainiúlacht na Gaeilge a aithint. B'fhiú don aistritheoir bheith cinnte ina aigne féin go bhfuil tuiscint chomh maith agus is féidir aige ar an nGaeilge is fearr dá bhfuil á scríobh le céad bliain anuas. Cuidíonn an cur chuige sin le cuid de na cranraí is measa sna téacsanna Béarla nua-aoiseacha a aclú agus a ionramháil ionas gur fusa séala na Gaeilge a chur orthu.

2 - Forás Stairiúil

2.1 -   Na haistriúcháin a d'fhoilsigh an Gúm

Tá cuid den saibhreas iontach sin le fáil sna seanaistriúcháin sin mar bhí an-tábhacht ag baint leis an aistritheoir Gaeilge tráth. Ar an drochuair is beag ceacht atá le tarraingt againn astu óir ní dhearnadh riamh aon scagadh ceart as a chéile ar an obair sin. Níl aon eolas againn ar cad é mar a chuaigh siad i mbun na hoibre. Ach ardchaighdeán sa Ghaeilge a bhí ag teastáil agus is eol dúinn go bhfuil Gaeilge d'ardchaighdeán sna haistriúcháin sin bíodh is nach fios dúinn cad é an mhaitheas atá iontu mar aistriúcháin. Is eiseamláirí mar sin féin iad na haistriúcháin sin de chaighdeán na teanga - inléite, intuigthe, neamhchasta, neamh-athbhríoch, soiléir - an t-idéal ba chóir a bheith mar sprioc ag gach aistritheoir go Gaeilge.

Tá a fhios agam ón taighde atá déanta agam féin orthu gur féidir an ceacht seo a fhoghlaim uathu: níor chuir na haistritheoirí sin suim sa mhionsonra. Níor thug siad le tuiscint gurbh ionann an Béarla agus an Ghaeilge. Tuigeadh dóibh nár lean an Ghaeilge na mionbhealaí céanna friotail agus a lean an Béarla. Litríocht a bhí á haistriú acu agus níl an léitheoir riamh in amhras faoi chnámha ná faoi aird an scéil.

Ní mór cuimhneamh freisin, áfach, agus muid ag smaoineamh ar na haistritheoirí sin mar eiseamláirí nach ionann an Béarla a bhí á scríobh an t-am sin agus an Béarla atá á scríobh ar na saolta seo, an cineál Béarla atá le haistriú ar mhaithe le hAcht na dTeangacha Oifigiúla 2003 ach go háirithe. Sa saothar is deireanaí

Cuid 1

uaidh cuireann John McWhorter (2005) síos ar an gclaochlú bunúsach atá tagtha ar an mBéarla le céad bliain anuas agus ní hamháin ar an teanga féin ach ar dhearcadh an duine ar an teanga. Is ar éigean má tá an claochlú céanna le feiceáil sa Ghaeilge ach is mór an difear mar sin féin idir an teanga a bhí á scríobh an t-am sin agus an teanga atá á scríobh anois.

Is cinnte go bhfuil an t-uafás cleasanna le foghlaim as an saothar aistriúcháin sin ar fad ach taighde ceart a dhéanamh air. Ach tá fíoras amháin soiléir: cuireadh téacsanna ar fáil atá inléite fós. Is cuma cé chomh doiléir dothuigthe a bhí an buntéacs, cuireadh aistriúchán ar fáil atá sothuigthe soiléir. Fágadh sleachta ar lár nuair ba ghá. Fágadh abairtí gan aistriú ó am go chéile. Bhí scéalta á ríomh (agus á n-aistriú) acu agus ba thábhachtaí snáithe an scéil a choimeád beo in intinn an léitheora. D'éirigh leis na haistritheoirí sin a dhéanamh.

2.2 - Difríochtaí idir Béarla agus Gaeilge

Bhí sé soiléir sna hiarrachtaí sin nach bhfuil an Ghaeilge i gcónaí ar aon dul leis an mBéarla. Is é sin le rá nach féidir leis an nGaeilge gach cosán a thionscnaítear sa Bhéarla a leanúint. Tá an fhadhb chéanna ag gach teanga i leith teangacha eile. Tá an fhadhb chéanna ag an mBéarla i leith na Fraincise agus i leith na Gaeilge freisin. Ach tá dhá theanga Gaeilge ann anois. Tá an Ghaeilge atá le fáil sna haistriúcháin ársa sin nuair a bhí na haistritheoirí ag obair as tobar domhain eolais ar an teanga, nuair a bhí siad ag smaoineamh as Gaeilge, nuair a bhí gach gné den fhriotal acu ag freagairt do ghnáthúsáid an lae, nuair ab eol dóibh an urlabhra a bheadh ag a gcuid léitheoirí agus nuair nach raibh amhras ar bith ann faoi stór nó réimse na bhfocal a bheadh acu. Agus ansin tá an Ghaeilge atá á maistreadh ag mo mhacasamhail féin, nó 'an Béarla le sínte fada' mar a chuir tráchtaire géarchúiseach i mo leith. Sin an cineál Gaeilge atá le feabhsú ag an aistritheoir, an Ghaeilge nach bhfuil inti ach an díogarnach.

Rinne mé iarracht in **Dúchas na Gaeilge** (Ó Ruairc 1996) na príomhdhifríochtaí idir an Béarla agus an Ghaeilge a rianú, cé nach bhfuil sa staidéar sin ach tús. Caithfidh an t-aistritheoir aird a thabhairt de shíor ar na difríochtaí sin. Ní hé go bhfuil siad ina gconstaicí nó ina míbhuntáistí i gcónaí. Is minic gur fearr an t-aistriúchán ach comharthaí sóirt sainiúla na Gaeilge a bheith greanta orthu. Tabharfar aird ó am go chéile ar na difríochtaí sin de réir mar a amharcaimid thíos anseo ar ghnéithe éagsúla den aistriúchán ón mBéarla. Smaoinigh ar shampla amháin: an focal *dearmad(ach).* Tuigtear anois go bhfuil nasc idir an chuid sin den inchinn atá freagrach as na cuimhní a eagrú agus sin amháin. Cé a bheadh ag súil le *mura bhfuil mo* **chluasa** *dearmadach* nó dá ndéarfaí é cé a mhaífeadh go bhfuil sé ar aon dul le *práta tostach?*

D'fhéadfaí a rá nach dtiocfadh leis na haistritheoirí sin drochGhaeilge a chumadh. Thiocfadh leo gan amhras drochaistriúchán a dhéanamh ach ní raibh ar a gcumas drochGhaeilge a chleachtadh. Scríbhneoirí cruthanta a bhí iontu. Chuir siad samplaí ar fáil de scoth na Gaeilge agus sin an t-aon chúram a bhí orthu. Má theastaigh ó éinne an buntéacs a léamh ní raibh deacracht acu an Béarla a léamh. Agus ní dhearnadh aon chaill ar an mbuntéacs má léadh an t-aistriúchán go Gaeilge.

Toisc nach ndearnadh na haistriúcháin sin a scagadh go mion riamh maidir le ceird an aistriúcháin de is sa Ghaeilge féin a

Cuid 1

cuireadh sonrú riamh. Agus is fiú an teachtaireacht sin féin a thabhairt chun solais ar mhaithe le glúin nua aistritheoirí. Dá fheabhas é an t-aistriúchán dar leat ní fiú fríd é mura bhfuil comharthaí sóirt na Gaeilge ina fhochair sin. Gnáthchumarsáid a bhí ar siúl eatarthu. Sin an fáth b'fhéidir nach ndearnadh scagadh ar an obair mar shaothar aistriúcháin. Níor amharcadh air mar aistriúchán. Bhí teagmháil dhíreach idir an téacs agus taithí an léitheora. Agus sin b'fhéidir an cruthúnas is fearr den dea-aistriúchán, nach eol don léitheoir gur aistriúchán é.

Sin an cuspóir a chaithfidh an t-aistritheoir nua-aoiseach a chur roimhe. Agus caithfidh sé cuimhneamh de shíor ar an míbhuntáiste ábhalmhór atá aige nár cheart a dhíspeagadh riamh: é bheith ina fhoghlaimeoir, fiú sa chás gur cainteoir dúchais é. Tá mé ag éisteacht le tríocha bliain le neamhBhéarlóirí a bhfuil scoth an Bhéarla acu ach atá go minic ciontach as tuaiplisí dochreidte a dhéanamh. Is cinnte nach taise don Ghaeilgeoir is foghlaimeoir. Is furasta don mhórtas dul sa tóin dó.

Chun sampla amháin a thabhairt anseo: 'a programme of works has recently commenced which will provide Universal Accessibility to the building of the National Archives ...' Cad é atá i gceist anseo taobh thiar den teanga ardnósach le ceannlitreacha 'universal accessibility' ach go mbeidh cách in ann dul isteach san áit? Is beag tábhacht atá le 'programme' sa chomhthéacs seo, ba leor *obair* a rá; tagann fadhb chun cinn sa fhrása 'which will provide' toisc nach bhfuil briathar sa Ghaeilge a oireann sa chomhthéacs. Ach tá próiseas 'cúis-éifeacht' ann: déanfar an obair agus ina dhiaidh sin nó mar thoradh air sin beidh caoi ag cách dul isteach sa Chartlann. Chun an teachtaireacht atá sa Bhéarla a aistriú ba leor *cuireadh tús le hobair le déanaí agus beidh caoi isteach ag cách sa Chartlann Náisiúnta dá bharr* nó *cuireadh tús le hobair le déanaí ionas go dtig le cách dul isteach sa Chartlann Náisiúnta*. Dá ndéanfaí an leagan sin a aistriú ar ais go Béarla chun blas postúil a chur air is dócha go ndéarfaí: 'a programme of works has recently commenced which will provide Universal Accessibility to the building of the National Archives ...'

2.3 - An t-aistritheoir inniu: dualgas agus misneach

An fhódóireacht atá le déanamh ag an aistritheoir go Gaeilge baineann sé ach go háirithe leis an teanga féin. Ní leor an ghnáththuiscint ar an ngramadach agus breaceolas a bheith aige ar na mionrialacha; caithfidh sé bheith ullamh dul i ngleic leis an teanga, dul ag iomrascáil léi, béasa a chur uirthi óir is ainmhí fiáin fós é an Ghaeilge agus níl éinne eile ann chun an gortghlanadh sin a dhéanamh. Tá ár sáith forairí teanga ann ach tá ganntanas mór tiargálaithe ann. Bheadh sé íorónta agus truacánta dá mba rud é go raibh meas ar an gcruthaitheacht mar thréith i ngach comhthéacs nua-aoiseach, fiú i gcúrsaí gnó, ach drochmheas ar an gcruthaitheacht chéanna nuair atá saothar aistriúcháin i gceist.

De ghnáth cuirtear snas ar an teanga, teanga ar bith, san úsáid. Ní minic a amharctar siar. Is cuma cad a dúradh inné. Is ionann teanga agus lucht a labhartha inniu. Ach níl lucht labhartha na Gaeilge treallúsach mustrach a ndóthain chun an gnáthchlaochlú a chinntiú. Mar sin, níl an acmhainn sin sa Ghaeilge. Cuireadh i gcéill gur teanga bheo a bhí ann ach roinneadh leis mar a bheadh iontaise ann. An t-aistritheoir amháin atá ag gabháil don teanga ar bhonn tráthrialta, a bhfuil na fadhbanna inmheánacha le sárú aige in aghaidh an lae, a bhfuil na míréireachtaí á dtabhairt faoi deara aige in aghaidh an lae, an t-aistritheoir amháin atá in inmhe an teanga a mhúnlú sa chleachtas féin agus na mionleasuithe atá le déanamh a chur i gcrích.

Is ag an aistritheoir amháin atá an t-eolas is gá, is ar an aistritheoir amháin atá an díbhirce is gá, is san aistritheoir amháin atá an diongbháilteacht is gá chun an teanga a chur in oiriúint do riachtanais an tsaoil mar atá sé anois agus chun an dualgas atá air a chomhlíonadh: téacs soléite sothuigthe a sholáthar. Tharla agus tarlaíonn an gortghlanadh sin, an scagadh sin gan fhios don saol. Faoi mar nach eol dom gur éirigh mé as téarma áirithe nó teilgean áirithe a úsáid a bhí i mo bhéal gach nóiméad den lá tráth agus nach eol dom cá huair a d'éirigh mé as ná cén fáth, tá daoine ag síorchaitheamh uathu gnéithe den teanga nach n-oireann níos mó dá gcuid riachtanas.

2.4 - Laincisí a dhíchur

Is caidreamh idir an t-aistritheoir agus an léitheoir an t-aistriúchán, ar deireadh. Ach is caidreamh idir an t-aistritheoir agus an scríbhneoir an chéad tuiscint a bhaintear as an téacs. Má tá an téacs doiléir sa bhunleagan tá an milleán le cur ar an té a chum é. Má tá an téacs doiléir san aistriúchán tá an milleán le cur ar an aistritheoir. Sin an gnáthphróiseas. I mbeagán focal is cime é an t-aistritheoir agus mura n-aithnítear an riocht sin is baolach dó. Gach teanga mion agus mór riamh anall a raibh rialacha ró-mhionchúiseacha, rócháiréiseacha, ródhoiléire ag cur as dóibh, ligeadh ar ceal na rialacha nach raibh fóinteach, éifeachtach, ciallmhar. Ligeadh i ndearmad aon riail a bhí scabáistiúil. Ar chúiseanna nach bhfuil neart againn orthu anois, chlis ar an nGaeilge sin a dhéanamh.

An t-aistritheoir is cosantóir don Ghaeilge feasta. Feictear dom go bhfuil dualgas ar an aistritheoir sa Ghaeilge an teanga a aclú chun forlámhas na céille a chosaint. Caithfidh an t-aistriúchán bheith ciallmhar, ciallmhar agus arís, ciallmhar. An t-aistriúchán nach bhfuil sothuigthe is ionann é agus arán atá do-ite, nó an fíon atá do-ólta, nó an ceol atá dochloiste. Má leantar gach riail dá bhfuil ann agus má tá sé gan chiall ní fiú tráithnín mar aistriúchán é. Sin an fáth go gcaithfidh an t-aistriúchán droim ar ais bheith mar riail bhunúsach ag an aistritheoir go Gaeilge. Fág an t-aistriúchán i leataobh, fill air faoi cheann tamaill, agus aimsigh an buntéacs Béarla. Níor cheart go mbeadh ródheacracht leis má tá an t-aistriúchán ciallmhar. Ní mór cur leis an mana a bhí ag J. K. Galbraith[1]: 'I put my manuscripts through the typewriter three times - first for sense, second for style, and third for both'. Déana an t-aistritheoir go Gaeilge an ceathrú céim chun bheith cinnte go bhfuil ciall ann.

Sin an fáth nach méanar don aistritheoir Gaeilge. Fágadh san fhaopach é. Thángthas aniar aduaidh air gan an chonair a ghlanadh roimhe. Is doiligh don aistritheoir maireachtáil i bhfolús. Tá frithghníomh agus freagra, más macalla féin é, de dhíth air. Ní dócha go bhfaighidh sé a leithéid.

Tá an reachtaíocht á haistriú go Gaeilge sa Dáil ó bunaíodh an Stát. Ach níor tharla aon chonspóid de bharr aistriúcháin a rinneadh nó níor tugadh le tuiscint riamh go raibh na cáipéisí dlí sin á léamh ag éinne.

Cuid 1

Is lú arís an spéis a léiríodh sna haistriúcháin a rinneadh ar na doiciméid ag an Aontas Eorpach. Tá an reachtaíocht phríomha á haistriú sa Bhruiséil ó chuaigh Éire isteach sa Chomhphobal i 1973 ach is tearc duine a léigh aon cheann de na téacsanna sin riamh. Is amhlaidh is fearr b'fhéidir nó gheofaí meascán mearaí de théarmaí agus de stíleanna agus de dheacrachtaí céille.

2.5 - Éiginnteacht

Más fíor nach bhfuil aon aird á tabhairt ar na haistriúcháin oifigiúla atá ann, leanann sé de gur beag leanúnachas atá le feiceáil sa téarmaíocht. Ba ghá an téarmaíocht sin a chur i láthair an fhochéimí chomh maith leis an téarmaíocht ársa. Lasmuigh de ghlac de théarmaí traidisiúnta tá an-éiginnteacht ann maidir leis na téarmaí a fhreagraíonn do théarmaí áirithe atá sothuigthe ag cách sa Bhéarla. Níl an téarma sa Ghaeilge do 'medical/medicine' socair fós. Tá *leigheas, liacht, míochaine* ann ar an mBéarla céanna.

Is cinnte nach eol don té a cheapann an dara téarma go bhfuil ceann eile ann cheana. Is fíor an ráiteas sin fad a bhaineann le téarmaíocht atá in úsáid i dtéacsanna reachtacha bíodh siad bainteach leis an Aontas Eorpach nó leis an reachtaíocht náisiúnta, agus cuid mhaith den locht ar an dá eagras sin le blianta fada nár fhoilsigh a gcuid téarmaíochta don saol.

Tá gach aistriúchán ina scáthán ar shaol an duine. Ní mór na focail agus na téarmaí a úsáid a thuigeann an duine agus ciallaíonn sé sin nach mór na focail agus na téarmaí a úsáid agus atá á n-úsáid ag do leathbhádóir nó níl an t-aistriúchán ina scáthán fírinneach ar an saol. Is doiligh gnáthchomhrá a dhéanamh nuair nach bhfuil comhphointí tagartha céille sna focail. Sin an fáth go bhfuil dualgas trom ar an aistritheoir taighde cuimsitheach pearsanta a dhéanamh chun cinntiú go n-úsáideann sé an téarma ceart atá ann agus chun é á úsáid sa chomhthéacs céanna.

Agus ansin tá na téarmaí nach bhfuil nuachumtha ná nach bhfuil neamhchoitianta ach nach bhfuil ar bharr a theanga ag an ngnáthaistritheoir. Tá mar shampla focail mar 'agree', 'accede/adhere to', 'consent', 'policy' a chuireann as don Ghaeilgeoir. Os a choinne sin baintear ró-úsáid as focail eile ar nós **feidhmigh**. Tá neart téarmaí atá coitianta sa Bhéarla, ar nós 'essentially', 'necessarily', agus ní furasta an téarma coibhéiseach a aimsiú sa Ghaeilge. Seo an áit a bhfuil tábhacht chomh mór leis an gcomhthéacs. Ansin tá na comhchiallaigh nach bhfuil coibhéiseach go hiomlán: 'participation' agus 'involvement', 'investigation' agus 'inquiry', 'initiative' agus 'project' ...

Is beag fógrán nach bhfuil abairt mar seo ann: 'the primary objective/the objective of the strategy is/the scheme aims to/the mission of the ... is to/the Commission's main functions are/the consultation exercise is to/the purpose of the letter is ...', agus go bhfuil aistriúchán den uile chineál ann: *is é bunchuspóir/misean/príomhchuspóir an... ná a chinntiú/is é an aidhm atá ag an ... /tá sé mar aidhm leis /tá sé mar fheidhm ag an .../is iad príomhfheidhmeanna an Choimisiúin /is é an cuspóir a bheidh leis seo/is í príomhaidhm an tionscnaimh ná ...* . D'fhéadfaí na deacrachtaí ar fad maidir le haimsir, réamhfhocal, infhilleadh agus eile a sheachaint ach *is é is aidhm/cuspóir/feidhm/misean do ...* a rá.

Is fiú tagairt a dhéanamh d'fheiniméan atá ag tarlú le cúpla bliain anuas mar thoradh ar Acht na dTeangacha Oifigiúla 2003.

Cuid 1

Tá na céadta fógrán arna bhfoilsiú ag na heagrais stáit agus iad go léir beagnach ar aon dul le chéile. Níl aon tuairim le tabhairt agam ar a bhfiúntas tríd is tríd ach an méid seo: in ochtó faoin gcéad de na haistriúcháin is *dréachtadh* atá mar ainm briathartha in ionad *dréachtú*. Gan dul isteach anseo sna deacrachtaí a bhaineann leis an dara réimniú atá in ainm a bheith rialta, is baolach go bhfuil an mhí-úsáid seo chomh forleathan sin faoin am seo go bhfuil glactha leis mar nós. Bhí an dualgas ar an té a cheap an chéad mhúnla stró éigin a chur air féin agus an fhoirm cheart a aimsiú ón tús. Is amhlaidh leis an mbriathar riar, *a.b. riar.* Toisc gur briathar rialta atá ann ceaptar go minic gur *riaradh* is foirm don ainm briathartha.

Tugann an gnáthfhoclóir an chiall atá le focail. Más ceadmhach bheith ag brionglóideach, ní mór foclóir séimeantach a bheith ann chun an t-eolas sa bhreis a sholáthar óir cuireann a leithéid an bhéim ar an idirchaidreamh idir na focail. B'fhéidir gurb é seo an ghné is fusa d'obair an aistritheora toisc gur léir na fadhbanna a bhaineann le focail agus téarmaí nuair atá aistriúchán le déanamh. Sin mar a amharcadh air pé scéal é. Ní gá gurb amhlaidh atá ar ndóigh. Ina theannta sin, ní nach ionadh, tá fadhb sa bhreis sa Ghaeilge. Baineann an locht le líon na bhfocal oiread agus le ciall na bhfocal. Is deacair don Ghaeilgeoir de réir dealraimh an bealach a éascú dó féin. Bhíothas róthugtha don chaolchúis. Ba ghá a leithéid in amanna ach ní i gcónaí.

Tá *polasaí* (maidir le hárachas) agus *beartas* (maidir le polaitíocht) ann ar 'policy' (tá beartas tugtha sa reachtaíocht ar gach beartas de chuid an Aontais), tá *staidreamh* agus *staitisticí* ann ar 'statistics', tá *fostruchtúr* agus *infreastruchtúr* agus *bonneagar* ann ar 'infrastructure'. Agus san oideachas, tá an *ardteistiméireacht* ach *an teastas sóisearach,* tá *teastas beireatais* ach tá *deimhniú inniúlachta* ann chun an t-aon fhocal Béarla 'certificate' a aistriú. Cé a thuigfeadh go gciallaíonn *conradh comhlíonta* 'a certificate of conformity'? Ach sin mar atá agus caithfidh an t-aistritheoir géilleadh do na fasaigh sin. Tá *sócmhainní* ann ar 'assets (financial)' ach b'fhearr *acmhainní* a úsáid do 'assets' sa chiall 'resources'. Tá fadhb leis an téarma 'deliver/delivery'. Tá *seachadadh, eiseachadadh, soláthar* le feiceáil nuair nach n-oireann siad in aon chor toisc nach bhfuil i gceist ach 'give'.

Tugadh *cúnamh dlí* ar 'legal aid' le fada an lá ach tá *cúnamh dlíthiúil* le feiceáil go minic anois. Ar ndóigh bhí an mearbhall sin ann i gcónaí. Ach má tugadh an teideal a tugadh ar an gcnuasach *Téarmaí Dlí* féin atá bunaithe ar shraith d'Orduithe a lean ón *Acht Téarmaí Dlíthiúla Gaeilge* tá sé chomh dócha lena athrach go ndearnadh amhlaidh d'aon ghnó. Ciallaíonn sé gur fearr de ghnáth *dlí* a úsáid mar aistriúchán ar 'legal': *comhairleoir dlí, doiciméad dlí, feidhmeannach dlí, leasuithe dlí, taighdeoir dlí* agus mar sin de. Tá sé léirithe agam cheana cad iad na leaganacha Gaeilge is fearr a fhreagraíonn do na téarmaí dlí éagsúla is coitianta: *dleathach/neamhdhleathach* (lawful/unlawful) agus *dlíthiúil/neamhdhlíthiúil* (legal/illegal) ach ar an drochuair tá *dleathach/dlíthiúil* á n-úsáid ar nós cuma liom.

Ach, má tá éiginnteacht i gcoitinne ann, níl cead ag an aistritheoir cur leis an éiginnteacht sin, is é sin, níl sé ceadaithe leagan malartach den téarma céanna a úsáid sa téacs céanna. Níor cheart *faisnéis staidrimh a ullmhú* ('prepare statistical information') a rá in áit amháin agus *i mbailiú staitisticí* ('in the collection of statistical information') a rá san abairt chéanna. Ní hé go bhfuil sé doiléir nó dothuigthe ach tá sé leibideach leisciúil mar obair. Ceist eile sa chomhthéacs sin: cén fáth an t-athrú sa chomhréir? Tiocfaimid ar ais ar an ngné sin ar ball. Má tá tagairt don *Chomhairle Náisiúnta um Choireacht* ('National Crime Council') níor cheart *i leith na coiriúlachta* a thabhairt ar 'in relation to crime'. (De réir an CT ciallaíonn *coiriúlacht* 'criminality'). Má tá *seirbhís náisiúnta um chraoltóireacht tráchtála fuaime* sa teideal níor cheart *seirbhís náisiúnta um craolachán* tráchtála fuaime bheith sa téacs. Bheadh sé chomh haisteach céanna na rátaí *comhshocraithe* bheith ann ar 'the composition rates', má tá *na rátaí comhshocraíochta* ann cheana san abairt chéanna.

B'fhearr freisin gan an cur chuige gramadúil a leasú ach oiread laistigh den abairt: má tá *prionsabal na dlúthpháirtíochta* ag tús na habairte b'fhearr cloí leis agus gan *an prionsabal dlúthpháirtíochta* a úsáid ag deireadh na habairte. Tá fógráin le feiceáil ó am go chéile ag tagairt do 'dormant accounts' agus tá *cuntas díomhaoin* agus *cuntas suanach* ann gach re seal. An ionann iad? Ní hionann *eacnamaíocht* (economics) agus *geilleagar* ((the) economy) cé go bhfuil *eacnamaíocht pholaitiúil* ar 'political economy'.

Tá an éiginnteacht de dhlúth agus d'inneach sa teanga. Caithfidh an t-aistritheoir bheith ag síormhachnamh ar an éalang seo sa teanga agus i gcónaí ag iarraidh é a sheachaint. Níl sé furasta. Feicfimid thíos an deacracht a bhaineann leis an aidiacht nuachumtha atá ar aon dul leis an nginideach den ainm briathartha. Má tharlaíonn sé go n-úsáidtear mar shampla *na húdaráis imscrúdaitheacha agus ionchúisitheacha* in abairt amháin ní ceadmhach casadh ar *na húdaráis imscrúdúcháin agus ionchúisimh* sa dara sampla agus *teicníochtaí imscrúdaithe* a rá sa tríú sampla san abairt chéanna. Más fearr *sláinte an duine* ar 'human health' is dócha gur fearr *sláinte an phobail* ar 'public health'. Cé go bhfuil *Acht na gCuideachtaí* ann le daichead bliain tá *na hAchtanna* **Comhlachtaí** le feiceáil fós i saothar aistritheoirí.

Tá cuid den fhadhb bainteach le teirce na húsáide. An téarma atá ceaptha go foirmiúil, bíodh sé déanta ag eagras údaraithe nó eile, más rud é nach n-éiríonn leis a bhealach a dhéanamh chuig gnáthleibhéal na cainte is baolach nach mbeidh fad saoil aige. Má dhéantar neamhshuim ann ar feadh glúin amháin tagann glúin eile le moladh níos fearr. I dteangacha eile ní dhéantar an róscagadh sin. Glactar leis an téarma atá ar cúrsaíocht, bíodh sé baileach neamhchruinn nó eile. Tá sé ann. Tá sé sothuigthe ag cách. Is leor sin mar theist air.

I gcás na Gaeilge, áfach, déantar na téarmaí a athbhreithniú agus a ath-athbhreithniú go dtí nach bhfuil a fhios ag éinne cad é an téarma is ceart a úsáid. Sna teangacha atá in úsáid go forleathan tagann an téarma nua ar an bhfód gan rabhadh i dtosach báire; ní fios cé a chum é ach déantar ciall áirithe a cheangal leis an téarma sin iardain. A mhalairt a tharlaíonn sa Ghaeilge. Is eol cad is ciall leis an téarma sula dtugtar leagan coibhéiseach sa Ghaeilge dó agus is minic nach nglactar leis in aon chor.

Tá dualgas an-trom ar gach aistritheoir mar sin gach dícheall a dhéanamh teacht ar an téarma atá ann, atá faofa, atá meáite. Tá ciall agus críonnacht nua ag gach glúin ach ní mór géilleadh do na fasaigh. Agus tá dualgas trom ar gach aistritheoir bheith ar aon aigne leis féin: is é sin le rá caithfidh sé feasacht a mhúscailt agus a fhorbairt ann féin agus an t-áitiús a dhaingniú ann féin nach ceadmhach bheith ag súgradh le focail ná bheith ag súgradh le tuiscint an léitheora. Tá ionracas intleachtúil pearsanta i gceist agus tá an mhacántacht i dtaca leis an léitheoir. Míthuiscint iomlán a leanann ón téacs ina bhfuil téarmaí difriúla á n-úsáid sa

Ghaeilge chun an coincheap céanna sa Bhéarla a aistriú.

Tá argóint eile chun tacú leis an gcomhsheasmhacht sin. Ó cuireadh tús le hobair na foclóireachta sa Ghaeilge bhí an chiall don fhocal á sainiú faoi threoir an Bhéarla. Níor cuireadh an focal sa Ghaeilge i gcomparáid leis an bhfocal i mBéarla i gcomhthéacs na céille. Ní fhreagraíonn an dá theanga go hiomlán dá chéile. Ní fhreagraíonn siad go páirteach dá chéile fiú. De ghnáth nuair atá comparáid á déanamh idir teangacha is idir comhthéacsanna atá an chomparáid le déanamh. Is ón gcomhthéacs ina n-úsáidtear an téarma sna teangacha ar leith a thagtar ar an tuiscint don téarma coibhéiseach.

Má amharcann an Béarlóir ar dhath agus má thugann sé 'blue' air agus má thugann an Gaeilgeoir 'gorm' ar an dath céanna, is eol dúinn go bhfreagraíonn an dá théarma sin dá chéile. Má thugann an Fraincéoir 'échelle' ar earra agus go dtugann an Gaeilgeoir 'dréimire' air is eol dúinn go bhfuil an dá théarma sin ag freagairt dá chéile. Ach má táimid ag plé le nithe nach bhfuil fréamhaithe san oibiachtúlacht agus má amharcaimid ar na mothúcháin mar shampla is deacra i bhfad an choibhéis a bhunú. Cuid mhór de na cialla coibhéiseacha atá againn sa Ghaeilge bunaíodh iad beag beann ar an gcomhthéacs.

2.6 - Uaigneas

An t-aistritheoir atá ag obair ó theanga eile go dtí an Béarla is féidir leis bheith ag brath ar théarmaíocht atá daingnithe le fada, a bhfuil cur amach ag dlíodóirí agus go fiú ag an ngnáthdhuine breacléannta uirthi. I gcomhthéacs an dlí is eol an chiall bheacht a bhaineann le gach téarma toisc go bhfuil an chiall bheacht sin leagtha síos i mbreithiúnais ón gcúirt féin. Is féidir leis bheith ag brath freisin ar an gciall cheannaithe atá curtha i bhfriotal ag a chomhaistritheoirí a chuaigh roimhe. An t-aistritheoir ag gabháil don Ghaeilge níl teacht aige ar an taithí ná ar an gcríonnacht ársa sin agus is minic nach bhfuil aon chruinneas ag baint le téarma Gaeilge toisc go minic nach bhfuil forléiriúchán ar bith tugtha ag aon chúirt. Níl ag an aistritheoir go Gaeilge ach *Téarmaí Dlí* a foilsíodh aon uair amháin i 1958, atá as cló le fada agus nach bhfuil ann pé ar bith ach gluais óir is beag tuiscint do chomhthéacs atá le fáil as. Foilsíodh *Focal Sa Chúirt* (Ó Catháin 2001) ach níl ann ach gluais ach oiread.

Maidir leis an nGaeilge de tá ar a laghad dhá fhadhb sa bhreis. Ba cheart go mbeadh an bhuntuiscint measartha maith ag an aistritheoir óir is óna theanga dhúchais féin atá an t-aistritheoir ag obair cé go bhfuil cuid mhaith den Bhéarla atá le haistriú beagnach dothuigthe. Tosaíonn na fadhbanna nua ón nóiméad sin ar aghaidh. An bhfuil an t-aistritheoir inniúil go leor sa Ghaeilge chun leagan a chur ar fáil atá sásúil, agus má tá, an bhfuil go leor muiníne aige as féin chun an chéim sa bhreis a thabhairt agus aistriúchán a chur ar fáil don ghnáthphobal atá ciallmhar de réir na ngnáthchaighdeán tuisceana i measc lucht a léite?

Tá níos mó ná aistriúchán i gceist mar sin. Tá breithiúnas níos ginearálta a léiríonn an chiall atá ag an aistritheoir do leibhéal an eolais atá ag na léitheoirí sin. Ní leor na seanrialacha amscaí doiléire a chur i bhfeidhm agus an dualgas a chur ar an léitheoir pé ciall is mian leis a bhaint astu. Ní mór don aistritheoir bheith cinnte go gcuirtear an caidreamh aistritheoir/léitheoir i gcrích, go bhfuil rath ar an obair atá déanta agus go bhfuil an rath sin le feiceáil sa dea-chaidreamh atá bainte amach.

Cuid 1

2.7 - Meon nua

Nuair a chuir mé *Aistrigh go Gaeilge* (Ó Ruairc 1997) i dtoll a chéile, bhí an cur chuige agam bunaithe ar an ngnáthchur chuige i gcúrsaí aistriúcháin: go bhfuil an t-aistritheoir ag obair ó theanga iasachta chuig an máthairtheanga, agus go bhfuil an t-aistritheoir chomh heolach céanna nach mór ar an dá theanga. Is léir le tamall nach amhlaidh atá an scéal i gcomhthéacs na Gaeilge agus nach fiú an oiread sin an cineál comhairle atá tugtha sa saothar sin.

Mar sin níl sé beartaithe agam comhairle sa chiall sin a thabhairt ná aon réiteach do-earráide a thairiscint ach modh oibre agus modh machnaimh agus cur chuige réasúnach a chur i láthair ionas go dtig leis an aistritheoir na ceisteanna cuí a chur agus a réiteach ciallmhar féin a aimsiú.

Caithfimid glacadh leis go bhfuil smacht an-mhaith ag an aistritheoir ar an ngramadach de réir mar atá sí leagtha amach sa *CO*. Murab amhlaidh atá, ní mór dó faghairt a chur ar an eolas sin. Ní mór dúinn go léir cloí leis an litriú oifigiúil de réir mar atá sé sonraithe in *CO* agus in *FGB*. Má tá an t-eolas sin easnamhach nó neamhiomlán ní féidir aistriúchán fiúntach a dhéanamh. Ní bheidh ann ach gibiris. Tá an iomad fadhbanna ag roinnt leis an nGaeilge nach bhfuil neart ag éinne orthu gan cur leis na deacrachtaí trí dhrochlitriú a chleachtadh. B'fhiú dá mhacasamhail saothar mar *Cruinnscríobh na Gaeilge* (Mac Murchaidh 2006), atá ar fáil anois ar CD-Rom, chun rúin na gramadaí a cheansú, nó eolas a chur athuair ar *Gramadach na Gaeilge agus Litriú na Gaeilge: an Caighdeán Oifigiúil*.

Agus an méid sin déanta aige, ba mhaith liom é a spreagadh chun tuilleadh machnaimh a dhéanamh ar cheird an aistriúcháin féin. Is féidir liom mo chuid féin a dhéanamh den mhéid a dúirt William Safire (1981):

> 'What, other than sheer chutzpah, gives authority to any 'language' authority – or, as my correspondents put it, 'Who the hell are you to say?' I write because I enjoy expressing myself, and writing forces me to think more coherently than I do when just shooting off my mouth ... To be conscious of language is to be proud of the magnificent and subtle instrument in your hands; to be self-conscious about the possibility of error, or fearful of the derision of your listener at your experiments with the instrument, is to be a nerd, a schnook, and a wimp'.

Nó an méid atá le rá ag Otto Jespersen (1938):

> 'the investigator as a user of the language has the same right as others to influence the language where he can, and he ought to be able by virtue of his greater knowledge to do this with greater insight and greater effect than those who have no linguistic training'.

Ba mhaith liom na focail sin ó Jespersen a mholadh do gach ábhar aistritheora agus 'aistritheoir' a chur mar a bhfuil 'investigator' aige. Is riocht ar leith é réimse an aistriúcháin go Gaeilge agus dá dheasca sin ní mór cur chuige ar leith a mholadh. Tá an Béarla ó dhúchas ag an aistritheoir go Gaeilge. Ní hionann sin is a rá áfach go bhfuil tuiscint mhaith aige do na gnéithe siontachtacha teicniúla de cheachtar den dá theanga. Is é an ghné is tábhachtaí den cheist maidir leis an aistriúchán a fheabhas atá an t-eolas ar an nGaeilge ag an ábhar aistritheora. Agus is cinnte nach bhfuil sé soiléir in aon chor cé chomh maith agus atá an t-eolas sin. Sin an fáth go bhfuil cur chuige eile ar fad á ghlacadh agam sa saothar seo. Má táimid chun an Ghaeilge a fhorbairt mar theanga ar fiú téacsanna a aistriú inti tá an dualgas ar an aistritheoir comharthaí sóirt na teanga a neartú agus a bhuanú chun oidhreacht a sheachadadh chuig na glúnta atá le teacht.

Cuid 1

3 - Foclóir agus Focal

3.1 - Bunphrionsabail

B'fhéidir nár mhiste dhá bhuncheist a chur i dtosach báire, dhá bhuncheist atá ina gconstaicí móra ar bhealach an aistritheora. Ar an gcéad dul síos is fiú an cheist a chur faoina éifeachtaí atá teanga, teanga ar bith. An dtig leis an teanga an droichead nó an nasc idir smaointe agus briathra an duine a chruthú, nó an bhfuil bundeighilt idir na smaointe agus na briathra atá mar éide orthu? Más fíor go bhfuil cuid mhaith de ghnáthdheacrachtaí an ghnáthshaoil le cur i leith na míthuisceana an bhfuil an locht le cur ar an teanga? Má tá an amscaíocht ina príomhthréith i ngach teanga is dochreidte an éacht é go n-éiríonn le daoine iad féin a chur in iúl in aon chor.

Tá an t-aistritheoir ag brath ar an bhfocal. Ar an drochuair tá sé tugtha faoi deara i ngach teanga go bhfuil tuiscint an ghnáthdhuine ar a theanga féin ag dul i laghad. Déarfaí gur ráiteas é sin atá rólom. Ach is é a ionstraim oibre é ag an aistritheoir an focal faoi mar atá an t-iascaire ag brath ar an tslat. Agus má tá an focal i gcontúirt cá bhfágtar an smaoineamh? Má tá éagumas ann maidir leis an bhfocal, caithfidh go bhfuil éagumas ann maidir leis an smaoineamh freisin. Ní furasta an smaoineamh a chur in iúl gan smacht a bheith agat ar an bhfocal i dtosach báire.

Beidh tagairt thíos dá thábhachtaí atá sé don aistritheoir tuiscint don tséimeantaic i gcoitinne a fháil agus a fhorbairt. Ach féadaim tagairt anseo freisin dá thábhachtaí atá an fhealsúnacht sa chiall is bunúsaí den téarma. Is é is cuspóir don fhealsúnacht ceisteanna a chur faoi gach rud. Ní mór meon an tachráin a chothú agus na focail 'cad is brí leis sin' a bheith ar bharr na teanga de shíor. Ní ag tagairt don fhealsúnacht mar ábhar teibí atá mé anseo ach an fhealsúnacht eolaíoch, an fhealsúnacht a chleachtann an dea-eolaí: cad é is aidhm dó sin, cad é is fiú é, cad é an léargas a thugann sé? Is ceastóireacht bhuan é an fhealsúnacht atá an-ábhartha maidir leis an nGaeilge.

Tá agus bhí dlúthbhaint riamh anall idir an Ghaeilge agus an reiligiún. Má tá an fhealsúnacht ag síorcheistiú, tá an reiligiún ag síordhearbhú. Tá an fhírinne ann, tá sí foilsithe, tá sí do-athraithe, níl ann ach géilleadh di. Is fíoras sealadach í an teanga. Níl aon rud cinnte ag baint léi. Sin an fáth go bhfuil an 'cad chuige' chomh tábhachtach i gcás na Gaeilge agus meon na fealsúnachta chomh tábhachtach don aistritheoir go Gaeilge.

Droim ar ais leis an dúil sa cheastóireacht ní mór an bhéim a chur ar an mbuaine. Chomh maith le bheith ina fhealsamh caithfidh an t-aistritheoir bheith ina fhoghlaimeoir fadsaoil, i gcónaí fiosrach, i gcónaí míshásta leis an rud atá in ainm a bheith buan, i gcónaí ar thóir freagraí nach dtugann sástacht riamh dó. Caithfidh sé bheith de shíor ag iarraidh a thuiscint féin don teanga a fheabhsú agus, mar aistritheoir, a thuiscint don tuiscint ar an teanga atá ag an léitheoir a fheabhsú. Bhí a leithéid de mheon an-láidir sa chéad ghlúin scríbhneoirí athbheochana ach tháinig seargadh agus cúngú ar an meon sin ó shin agus is meon scanrúil faiteach creathach atá i gceannas le tamall.

Cuid 1

3.2 - Dúshlán na haoise: roinnt samplaí

B'fhurasta na botúin seo a leanas a sheachaint ach gearrmhachnamh a dhéanamh roimh ré agus seasamh an léitheora a choimeád os comhair na haigne. Má tá siad doiléir dothuigthe ná habair liom go mbraitheann an tsoiléireacht ar an gcomhthéacs mar níl aon chomhthéacs ann. Tá ar an léitheoir iad a oibriú amach beag beann ar an gcomhthéacs:

- *d'fhonn nascadh éifeachtach a chinntiú idir clár leanúnach* **athchóirithe** *an dlí choiriúil de chuid an rialtais agus próiseas an chódaithe* (in order to ensure an effective linkage between the Irish Government's on-going programme of criminal law reform and the codification process)

- **bheith i láthair** *thar ceann an DPP in ionchúisimh choiriúla i gCúirteanna Dúiche* (appearing on behalf of the DPP in criminal prosecutions in the District Court)

- ***íosghnóthachtáil*** *oideachais de phas* (a minimal educational attainment of a pass)

nó:

- *féintionscantóir a bhfuil* **cuntas teiste gnóthachtála** *i réimse na n-acmhainní daonna a bheidh sa té a roghnófar* (the successful candidate will be a self-starter with a proven track record of achievement in the area of human resources)

- *scileanna* **oibriú foirne** (teamworking skills).

Mar is léir ó na samplaí sin, ar an drochuair is teanga eile ar fad, atá nuálaíoch agus ina béarlagair go minic, atá le haistriú go Gaeilge, teanga agus foclóir atá á gcruthú as an nua. Má dhéantar an téacs a aistriú focal ar fhocal níl ciall leis a thuilleadh. Feic an ceannteideal a ghabhann leis an bhfógrán seo a foilsíodh le déanaí: 'The Reception and Integration Agency'. Dhéanfadh an gnáthaistritheoir an foclóir a cheadú agus leagan a sholáthar gan mhoill.

Tá rogha idir *áisíneacht* agus *gníomhaireacht* ar 'agency'; tá *fáil* nó *fáiltiú* nó *glacadóireacht* (má tá *Wireless telephony* i gceist) ar 'reception', agus rogha leathan maidir le 'integration': *imeascadh, lánpháirtíocht/lánpháirtiú, suimeáil, comhcheangal, iomlánú, lánaontú.* Níl ganntanas ann. D'fhéadfaí mar sin *an áisíneacht/ghníomhaireacht fáiltithe agus imeasctha/lánpháirtíochta* a rá ach níl sé soiléir nach é *an áisíneacht/ghníomhaireacht* féin a bhfuil fáilte curtha rompu agus imeascadh déanta orthu. Chun an fhadhb sin a sheachaint d'fhéadfaí *an áisíneacht/ghníomhaireacht um fháiltiú agus imeascadh* nó, nios fearr arís *an áisíneacht/ghníomhaireacht chun fáilte a chur roimh dhaoine agus chun cuidiú lena n-imeascadh* a rá.

In ionad an frása a aistriú mar sin, áfach, is fiú amharc ar an téacs a ghabhann leis an teideal agus d'fhéadfaí leid a fháil as frása atá sa chéad mhír: 'providing accommodation and ancillary services for persons seeking asylum'. Tugann sé sin míniúchán eile ar an teideal. Is é an t-aistriúchán a bheadh ann: *an áisíneacht/ghníomhaireacht chun cóiríocht a sholáthar agus chun fáilte a chur roimh lucht tearmainn.* Déarfaí liom nach ceadmhach imeacht chomh fada ó théarmaí an Bhéarla. Ach níl tagairt do 'integration' san fhógrán. Úsáidtear sa teideal é chun acrainm a chumadh:

28

Cuid 1

'Reception and Integration Agency' – RIA. Cad é a bheadh ann sa Ghaeilge? AFI nó GFI nó AFhI nó an gcloífí le RIA i ngach teanga?

Agus an leagan atá sa Ghaeilge? *An Ghníomhaireacht Glacadóireachta & Comhtháthúcháin.* I dtaca leis an teanga de níl locht air. Admhaím nach eol dom a thuilleadh cá huair is gá séimhiú a chur ar fhocal nuair atá sé faoi réir ag ainmfhocal baininscneach atá go díreach roimhe ach is cuma faoi sin. Ach an bhfuil an t-aistriúchán inghlactha? An bhfuil sé intuigthe? Is ar éigean é. Is breá liom *comhtháthúchán* mar leagan agus mar chruth ach níl ciall ná soiléireacht ag preabadh amach as mar leagan.

Cad faoi fhrása mar 'print performance guaranteed'? Tá an-deacracht maidir leis an téarma 'performance' a aistriú go Gaeilge i gcomhthéacs ar bith ach is cosúil go bhfuil *feidhmíocht* á úsáid go coitianta le tamall. Is é an téarma ba choitianta a cuardaíodh ar **www.focal.ie** sna seachtainí tosaigh freisin. An bhfuil *feidhmíocht chló ráthaithe* sásúil nó an bhfuil sé dothuigthe? Is é atá i gceist go bhfuil an páipéar oiriúnach don chlódóireacht agus toisc gur frása gonta atá ag teastáil don mhargaíocht b'fhearr *páipéar atá an-oiriúnach (ar fheabhas) don chló* a rá. Ní fhéadfadh sé bheith chomh gonta leis an mBéarla ach tá sé soiléir. Tá *monatóireacht ar fheidhmíocht,* 'performance monitoring' feicthe agam. Cad faoi 'age-related performance deficit'? Feictear dom nach bhfuil gá leis an nginideach agus in ionad aistriúchán lom a dhéanamh d'fhéadfaí *feidhmíocht easnamhach atá bainteach le haois* a rá. An ionann *feidhmíocht easnamhach* agus *easnamh san fheidhmíocht?* Tá an aidiacht níos pearsanta ach ar deireadh thiar is é an cheist nach mór a fhreagairt, an bhfuil sé níos sothuigthe?

Coincheap nua-aoiseach an-tarraingteach is ea 'performance management'. Ní fios cad is brí leis, nó cad is brí chruinn leis. Is amhlaidh is dothuigthe a éiríonn sé mar théarma dá mhéad a smaoiníonn tú air. Is é atá i gceist go teoiriciúil féachaint le dul i gcion ar mheon an duine chun é a ghríosú ionsar an bhfoirfeacht. Níl ann ach brionglóid atá ina seilbh acu sin atá ag iarraidh é a chothú, dar leo féin. An ionann ciall do 'management' san aonad sin agus san aonad 'data management'? Cad faoin nGaeilge? An fiú tabhairt faoina mhíniú nó arbh fhearr é a fhágáil chomh diamhrach céanna agus leagan litriúil a chur ar fáil? Fillfimid ar an gceist seo ar ball.

Sampla eile i bhfógrán a foilsíodh le déanaí: 'Establishment of Codification Research Support Unit'. Tiocfaimid ar ais freisin ar an gceist a bhaineann le hord na bhfocal ach tá fadhb anseo a bhaineann le deacracht eile ar fad. Cad iad na téarmaí a théann le chéile? Is dócha gur 'support unit' atá á bhunú ar mhaithe le 'codification research'. Má amharcaimid sa téacs féin tá tagairt do 'Criminal Law Codification Research Support Unit' agus do 'Criminal Law Codification Advisory Committee' agus do 'Codification Project', 'the codification process', 'an advocate of codification' mar aon le tagairt don fhoinse b'fhéidir, i. 'Part 14 of the Criminal Justice Bill 2004'. Má tá an frása aistrithe ansin tá an leagan oifigiúil ar fáil ach má tá an t-aistriúchán ansin chomh doiléir céanna fós ní gá don aistritheoir atá ag plé le téacs neamhfhoirmiúil cloí leis óir is teachtaireacht don phobal atá idir lámha aige agus ní téacs reachtach. Is léir nach gá an teanga chéanna a úsáid sa ghnáthchomhthéacs agus atá le húsáid i gcomhthéacs reachtach.

Tá an téarma seo 'support' an-choitianta le tamall anuas. Tá an 'Child Support Agency' sa Bhreatain. Tá eagras nua á sheoladh

Cuid 1

faoi láthair a bhfuil 'National Behaviour Support Service' mar ainm air ('to provide supports to schools in the area of student behaviour'). Thosaigh an ghluaiseacht seo sna Stáit Aontaithe agus tugadh 'positive behaviour support ' (PBC) air agus tá sé ceangailte le 'operation positive support ' (OPC). Féachann sé leis an dalta mar dhuine a fheabhsú.

Sa fhrása 'National Behaviour Support Service' ní mór dul siar agus tionscnamh an téarma a shoiléiriú. 'Support unit' atá ann i dtosach báire, aonad le haghaidh daltaí a bhfuil fadhbanna iompraíochta acu. Tugann sé aitheantas don difríocht atá ann sa tsochaí. Is meicníocht é an 'behaviour support process' chun na hiompraíochtaí a chuireann as don dalta ar scoil a shainaithint agus chun cuidiú leis iad a shárú. An gá an t-eolas sin ar fad chun an frása a aistriú? Is gá mar níl an frása intuigthe i gcomhthéacs na Gaeilge má thugtar aistriúchán lom air. Is dóigh liom mar sin nach mór an frása a fhairsingiú: *Seirbhís Náisiúnta chun tacú leis an dalta maidir lena iompraíocht.* Is dócha nach ionadh ar bith é gur aistríodh mar seo é: *an tSeirbhís Náisiúnta Tacaíochta Iompraíochta.* Má tá 'support' chun bheith á úsáid chomh minic sin i ngach comhthéacs, is dóigh liom gurbh fhiú *tacaíoch* mar aidiacht a chumadh.

Táthar ar thóir freisin 'National Manager of Special Care and High Support Units'; An ionann 'special' agus 'high' sa chomhthéacs seo? Sa téacs céanna tá tagairt do 'high quality child care services', 'high levels of child care provision', 'high standards'. Nó an é go bhfuil 'care (unit)' agus 'high support unit' faoi réir ag 'special', is é sin 'special care unit' agus 'special high support unit'? Níl an dara rogha ag an aistritheoir sa chás sin ach dul i dteagmháil leis an eagraíocht a d'ullmhaigh an téacs. Ná bíodh ródhíomá air mura bhfaigheann sé toradh ansin ach oiread.

Aistrigh Leat

Is amhlaidh le frása atá i mbéal an phobail sa Tuaisceart le tamall, 'State-regulated community restorative justice scheme'. Tá fadhb mhór amháin ann ón tús. Cad é an Ghaeilge ar 'restorative', nó cad is ciall leis pé scéal é? Tagraíonn an focal do chiall nua atá ann don cheartas. In ionad an ciontóir a mheas faoi réir an dlí choiriúil amháin agus pionós a ghearradh air, féachann an 'restorative justice' le seans a thabhairt don chiontóir a chion a aithint agus cúiteamh a dhéanamh leis an íospartach nó, ar a laghad, bheith rannpháirteach sna hiarrachtaí chun iarmhairtí a chiona a leigheas.

Cá bhfaighfear an téarma coibhéiseach sa Ghaeilge? Tá an aidiacht ar aon dul le 'decorative' nó 'destructive' nó 'progressive', *ornáideach, millteach, forásach.* Tá an foirceann furasta go leor dá bhféadfaí téarma a cheapadh don 'restore'. Ina dteannta sin tá imirt focal ann freisin óir tá RESTORE ina acrainm do 'Responsibility and Equity for Sexual Transgressions Offering a Restorative Experience'. Cionta gnéis ab aidhm don tionscnamh ar dtús ach tá réimeas níos fairsinge aige feasta. Tá dhá idé i gceist: cúiteamh a dhéanamh agus an riocht a fhágáil mar a bhí. B'fhéidir go bhfuil *aiseag* oiriúnach mar bhuneilimint. In *Ó Duin* tá *aiseagóir,* one liable to restitution, agus in *FGB* tá *aiseagthóir,* restorer, restitutor. Mar sin d'fhéadfaí *aiseag(th)ach* a mholadh *agus córas comhphobail le haghaidh scéim státrialálaithe don cheartas aiseagach.* An mbainfí ciall as sin sa Ghaeilge?

Focal eile nach furasta a aistriú is ea 'fulfilment' ina ghnáthchomhthéacs. Cad é mar a d'aistreofaí é san abairt seo de chuid Amazon: 'The time it takes a package to travel from our **fulfilment centre** to your destination address'. Ní fiú *lárionad comhlíonta/comhalta* a úsáid! Tá cúpla gné i gceist ach tríd is

Cuid 1

tríd is *parthas* (de réir aisling an táirgeora) de shaghas áirithe atá ann ina bhféachtar leis an dlí a chomhlíonadh, sásamh iomlán a thabhairt don chustaiméir, i. é a dhéanamh sona sásta, agus cáil na cuideachta a chinntiú. Cad é an téarma coibhéiseach sa Ghaeilge? Cá bhfios?

Cad é mar a thabharfaí faoi 'supplementary development contribution scheme'? An *scéim* é chun *rannchuidiú* le *forbraíocht fhorlíontach* nó an é an scéim atá *forlíontach*? Deir an téacs féin gurb é is aidhm don scéim tionscadal a mhaoiniú go páirteach agus go mbeidh aon tionscadal a thagann faoi réim na scéime faoi réir 'a supplementary development contribution levy'. Is cosúil gurb é an t-aistriúchán is cruinne *scéim chun rannchuidiú le forbraíocht sa bhreis*. Toisc go bhfuil tagairt sa téacs do The Planning and Development Act, 2000, b'fhéidir go bhfuil leid éigin le fáil ansin.

Tá go leor deacrachtaí ag Cumann Lúthchleas Gael le bliain nó dhó anuas ó tugadh isteach an córas nua araíonachta. Níl a fhios agam ar tugadh faoi na teidil éagsúla a aistriú fós ach cad é an leagan a bheadh ar an 'Central Hearings Committee' nó an 'Disputes Resolution Authority' nó 'Central Appeals Committee'? An é an *Lárchoiste um Éisteachtaí* nó an *Coiste um Láréisteachtaí* nó an *Ardchoiste/Príomhchoiste um Éisteachtaí*. Is léir go bhfuil fadhb éigin sa teideal *an Coimisiún um Chearta Daonna na hÉireann* mar níl aon 'chearta daonna' ar leith ag gabháil le hÉirinn, ach is féidir an fhadhb a sheachaint más *in Éirinn* atá na cearta sin. Ar ndóigh b'fhearr *cearta an duine* a rá seachas *cearta daonna*.

3.3 - Foinsí téarmaíochta

De ghnáth ní gá don aistritheoir aonair a leithéid de thiargáil a dhéanamh. Má tá an t-am aige is féidir leis a achainí a chur faoi bhráid an Coiste Téarmaíochta (CT) agus gheobhaidh sé freagra críonna ciallmhar gan rómhoill cé gur féidir go mbaineann obair an Choiste le ré réamhtheicneolaíoch agus gur thart atá pé ról a bhí ag an meilt scolártha[2]. Tá cuid de na téarmaí atá ceaptha ag an CT le fáil ar an suíomh **www.acmhainn.ie**. Foilsítear na cinn is déanaí in *Comhar* ach ar an drochuair níl siad in ord aibítreach de ghnáth.

Tá suíomh eile ann le tamall atá an-inspéise, nua-aoiseach agus a bhfuil gnéithe éagsúla ag gabháil leis, **www.focal.ie**. Is féidir an bunachar seo a cheadú ar thrí dhóigh: tá cuardach tapa don duine nach bhfuil uaidh ach téarma coibhéiseach nó nach bhfuil an t-eolas ar fad aige; tá cuardach casta atá oiriúnach dóibh siúd atá ag iarraidh níos mó eolais maidir le foinse an eolais, pointe gramadúil agus eile, agus tá liostaí aibítreacha atá oiriúnach dóibh siúd atá faoi dhraíocht ag an gcur chuige traidisiúnta atá sa ghnáthfhoclóir.

An áis is fóintí maidir le haistriúchán de, baineann sé b'fhéidir leis an gcuidiú atá sa chóras don té nach bhfuil cinnte faoi litriú an téarma nó a dhéanann earráid san iontráil. Tá áis úsáideach eile ann don aistritheoir mar is féidir leis téarmaí gaolmhara a aimsiú agus comparáidí a dhéanamh. Tuigfear don aistritheoir go bhfuil sé páirteach sa tionscadal seo, gur féidir leis teacht ar ionathar na bhfoclóirí teicniúla uile atá ann agus gur féidir leis a chion a dhéanamh chun an áis a fheabhsú.

Cuid 1

Chomh maith leis na trí inneall cuardaigh seo, tá áis ar an suíomh chun téarmaí nua a chur faoi bhráid an Choiste Téarmaíochta mura bhfuil fáil orthu sa bhunachar cheana. Ar an dóigh sin tá caoi ag gach aistritheoir na téarmaí ábhartha a ritheann leis a chur ar fáil don saol mór lena bhfaomhadh. Tá an téarmaíocht a bhaineann leis an Aontas Eorpach le fáil freisin sna gnáthfhoinsí ach tá achoimre ar na téarmaí is minice leagtha amach in *Ó Chómhargadh go hAontas* (Ó Ruairc 1994). Tá téarmaí atá bainteach le comhthéacs an chreidimh le fáil in *Sanasán Diagachta* (Ó Doibhlin 2001).

Ar an drochuair tá an iomad téarmaíochta á déanamh ar iarratais ón bpobal. Is beag eile a dhéanann an Coiste Téarmaíochta féin go minic ach freagairt dá leithéid. Tá gá le cur chuige cuimsitheach ionas go mbeidh foclóir uileghabhálach ann a chlúdaíonn gach gné den saol. A luaithe atá foclóir mar sin ann – agus tá foclóir nua Béarla-Gaeilge ar na bacáin le tamall – d'fhéadfadh an CT, agus modhanna nua-aimseartha á n-úsáid aige, dul i ngleic leis na téarmaí nua-chumtha atá ag teacht chun tosaigh in aghaidh an lae agus bheadh téarma coibhéiseach sa Ghaeilge ann. Seans go bhfuil tosaíocht faighte cheana ag **www.focal.ie** maidir le treoshuíomh na téarmaíochta amach anseo.

3.4 - Bearnaí sa tuiscint

Cad iad na ceisteanna nach mór a chur mar sin? Má tá deacrachtaí inmheánacha i ngach teanga cad is fiú bheith i mbun an aistriúcháin? Má tá bearnaí tuisceana sa bhunteanga an bhfuil na bearnaí tuisceana céanna sa sprioctheanga, i ngach teanga? Tá idirdhealú sa chiall i dteanga amháin nach ndéantar sa dara teanga. Ní hionann foclóir nua sa dara teanga a fhoghlaim agus lipéid úra a fháil agus iad a ghreamú don bhunchiall. Ní gnách go bhfuil na focail a chlúdaíonn réimse céille i dteanga amháin ag freagairt go beacht do na focail sa dara teanga. Mar shampla ní féidir na focail 'commence', 'begin', 'initiate', 'originate', 'start' a idirmhalartú i ngach cás cé go bhfuil an bhunchiall chéanna acu. Agus ní furasta an difear eatarthu a shoiléiriú.

Ní féidir an réimse céanna a chlúdach le focail choibhéiseacha sa Ghaeilge. Deirtear gur deacair 'the cat sat on the mat' a aistriú go Fraincis gan a fhios a bheith agat cén saghas 'mat' atá ann *(paillasson, tapis, descente de lit)*. Chaith mé súil in *Dúchas na Gaeilge* (1996) ar an bhfadhb a bhaineann le dathanna agus an tuiscint shainiúil atá ag gach pobal do raon na ndathanna. Má tá *laí, rámhainn, spád* tugtha ar 'spade' an saibhre an Ghaeilge trí théarma a bheith ann? Feic an difear idir *conablach* (ainmhí atá marbh) agus *corpán* (duine atá marbh).

Chomh maith leis na bearnaí tá na focail a fhilleann thar a chéile. Tá scair ag focail ar a chéile. Tá scair ag *bó, banríon, láir* ar a chéile toisc go bhfuil siad uile baineannach. D'fhéadfaí *fuinneog* a chur leo agus tá siad uile baininscneach. Tá *lao, coileán, leanbh* go léir óg, anabaí. Baineann bás ar dhóigh amháin nó ar dhóigh eile le *feallmharú, dúnorgain, cinedhíothú* ach ní féidir na téarmaí sin a idirmhalartú. Tá imthosca ar leith ag gabháil le húsáid gach téarma agus baineann an t-eolas ábhartha sin leis an gcultúr i gcoitinne.

An bhfuil an Ghaeilge in inmhe na bearnaí seo uile a líonadh ar dhóigh atá sothuigthe, nó trí théarma coibhéiseach a cheapadh nó a aimsiú? Feic mar shampla na frásaí seo a leanas a bhí sna gnáth-thuairiscí i nuachtán amháin ar an aon lá amháin:

Cuid 1

- He notes that 'client-side' is an area where public sector management has noticeably weakened and **outsourcing** has led to a **hollowing out** of these capabilities

- this element of the scheme would generate **sprawl-type** development ... and would represent an undesirable physical and ecological **intrusion**

- there are plenty of honeyed words about school leadership, **imaginative landscaping** and surging staff morale

- every autumn pitcher-plant mosquitoes go into diapause, their equivalent of hibernation,

mar a bhfuil teanga nuálach ag eascairt as teanga mheafarach.

Má amharcaimid ar na leathanaigh ghnó tá a leithéidí seo:

- automating drudgery in computing; you could have more elements of a computer system become more self-defining; something as simple as automating a password reset process,

mar a bhfuil leithcheal á dhéanamh ar chiall na habairte ina hiomláine ach fórsa na céille á lonnú san fhocal aonair. Is friotal é ina bhfuil focail aithnidiúla ach iad bheith á gcasadh i dtreo eile ar fad. Is teanga rúnmhar nó rúndiamhrach féin í arb é is aidhm di na neamh-rúnpháirtithe a choimeád amach ón eolas. Caithfidh an t-aistritheoir go Gaeilge bheith cúramach gan an eiseamláir sin a leanúint fiú más gá abairtí den saghas sin a aistriú.

Is léir gur teanga í sin nach bhfuil sothuigthe ná so-aistrithe. Caithfidh an t-aistritheoir go Gaeilge tabhairt faoin gciall a scoilt ina mionchodanna. An féidir téarma coibhéiseach a aimsiú do chuid de na focail. Tá cuid acu teicniúil. An ionann *meitibileacht* mar shampla agus 'metabolism' nó *atlasadh* agus 'inflammation'? Is ionann iad sa choibhéis ach ní hionann iad sa chiall, ní hionann iad san éifeacht atá acu ar aigne an léitheora. Óir tá fadhb sa bhreis sa Ghaeilge. Más fíor gurb ionann *bruitíneach dhearg* agus 'German measles' nó 'rubella' cad é an líon de lucht na Gaeilge a thuigfeadh an chomhchiall? Más dócha gurb eol do gach Béarlóir cad is 'diagnostician' ann ní hamhlaidh gurb eol do gach Gaeilgeoir cad is *aitheantóir* ann. Baineann na deacrachtaí sin leis an gcleachtadh.

An ionann sin is a rá nach fiú bheith ag trácht níos mó ar chomhchiallaigh? Cad is comhchiallach[3] ann pé scéal é? Is comhchiallaigh iad itimí léacsacha más féidir iad a idirmhalartú gan an chiall atá ag an abairt a athrú. Is tearc an feiniméan é an chomhchiall fhoirfe. Sa Bhéarla is féidir 'he snapped the twig in half' nó 'he broke the twig in half' a rá, ach níl na briathra sin inmhalartaithe i gcónaí : ní hionann 'he snapped his fingers ' agus 'he broke his fingers' agus ní féidir 'he snapped the record for the mile' a rá.

B'aoibhinn saol an aistritheora dá mbeadh iseamorfacht (isomorphism) shéimeantach ann (i. comhfhreagras iomlán idir an chiall atá ag an bhfocal sa dá theanga) ach is annamh a tharlaíonn sé. Bíodh is gur cosúil go bhfuil cultúr amháin in Éirinn le tamall anuas ní hamhlaidh atá. D'fhéadfaí a mhaíomh leoga go bhfuil an deighilt an-leathan idir an Ghaeilge agus an Béarla ar na príomhchúiseannna a raibh tréigean na Gaeilge chomh héasca sin.

Maidir leis an difríocht idir an Ghaeilge agus an Béarla tá fadhb eile ann. Tá an deacracht seo an-tábhachtach i dtaca leis na téacsanna a bhíonn le haistriú de ghnáth. B'fhéidir nach dtuigtear

Cuid 1

do chách i mBéarla cad go baileach is 'injunction' nó 'stagflation' nó 'immunity' ann ach d'fhéadfadh an gnáthdhuine buille faoi thuairim a thabhairt. Thuigfeadh dó an réim lena mbaineann siad. An bhféadfaí an rud céanna a rá faoi *urghaire, díolúine/imdhíonacht, marbh-bhoilsciú?* Ní mór don aistritheoir na bearnaí móra sin sa ghnáth-thuiscint ar an ngnáthfhoclóir a líonadh é féin. Ní mór dó bheith san airdeall ar a aineolas féin.

Déanann Adam Jacot de Boinod (2005) iniúchadh ar na focail aduaine atá ar fáil i ngach teanga ar domhan agus nach féidir a aistriú focal ar fhocal. San Indinéisis tá *nylentik* a chiallaíonn 'to flick someone with the middle finger on the ear', agus sa Pheirsis ciallaíonn *mahj* 'looking beautiful after having a disease'. Tá an focal *gabhlachas* sa Ghaeilge agus 'advanced pregnancy in horses' mar aistriúchán air, agus tá *aile* ('built-up rows of sods on the outside of a stack of turf') agus *meigillíneach* ('a chin-tufted person'). Má tá sáreolas ag an aistritheoir ar théarmaí mar sin tig leis bheith cinnte gur beag bearna atá fágtha ina fhoclóir ach is annamh is féidir a leithéid a úsáid sa ghnáthaistriúchán.

Maidir leis na bearnaí fírinneacha idir an Béarla agus an Ghaeilge, is féidir a rá go bhfuil dhá chineál ann: na bearnaí a bhaineann le stair agus forás na teanga, agus na bearnaí a bhaineann leis an mborradh as cuimse atá faoin mBéarla le dhá chéad bliain anuas agus go háirithe le tríocha bliain anuas. Sa chéad chás is léir nach bhfuil an dá theanga róchóngarach dá chéile. Is minic nach gá aon bhriathar in aon chor sa Ghaeilge: *folamh ár ndáil faoi dheireadh,* 'we will be reduced to nothing in the end'. Tá téarma eile ag *Ó Duin, athair dála* nach féidir a aistriú focal ar fhocal ach ní mór an abairt a fhadú sa Bhéarla mar 'one who gives in marriage'. Tá fadhb eile sa Ghaeilge freisin, atá nua-aoiseach agus inmheánach. Tá *draeinphíobán* ag an CT, ach *píopa taosctha* ag **FGB** ar 'drain-pipe'. An bhfuil difear eatarthu?

Is féidir an fhadhb seo a shárú ach cur chuige eile a ghlacadh. Ní mór an bhéim a chur ar na focail i dteannta le chéile agus ní ar na focail ina n-aonar. Tá an chiall ag brath ar an gcomhcheangal idir na focail agus ar dhá rud eile: an comhthéacs láithreach agus fios ginearálta an léitheora. Tá an chumarsáid ag brath ar an mbeirt atá páirteach sa chaidreamh. Caithfidh an tuiscint chéanna bheith ag an mbeirt ar an gciall atá ag gach focal. Ina éagmais sin, is féidir leis an léitheoir ciall éigin a thomhas ón gcomhthéacs.

3.5 - Bearnaí sa fhriotal nó 'fuzziness'

Tá fadhb agam féin leis an gcéad choincheap eile toisc gur téarma do-aistrithe atá ann bíodh is go bhfuil an-tábhacht leis de réir na saineolaithe. Tá an-tábhacht leis an miondealú seo sa chiall nuair atá 'fuzziness' ann. Cad is ciall le 'fuzziness' nó cad é an téarma Gaeilge a d'oirfeadh dó? Clúdaíonn sé an tuiscint ar radharc, ar fhocal, ar choincheap nach bhfuil chomh glinn géar agus a cheapfá toisc nach bhfuil tuiscint an duine chomh géar sin agus toisc nach bhfuil na nithe sin chomh hintuigthe agus a ceapadh. An ionann 'fuzzy' agus *clúmhach*? An bhfuil focal sa Ghaeilge ar 'blurred'? Tá *chuaigh sé ó léargas orm* againn sa Ghaeilge ach ní hé sin an chiall chruinn óir tá léargas ann atá doiléir. Tá *doiléir* tugtha ar 'hazy' freisin, agus tá *smúranta* ann ar 'hazy' agus *mearchuimhne/meathchuimhne* ar 'hazy memory'. B'fhéidir go n-oirfeadh *breac* freisin mar atá in *obair bhreac*, obair nach bhfuil ar fónamh, nó *modartha* faoi mar atá

Cuid 1

leacht modartha. Ach is *dallcheo(cht)* an téarma is cóngaraí dó, dar liom féin.

Rinne mé tagairt don ghné seo den teanga in *I dTreo Teanga Nua* (1999:53) agus míníodh go raibh sé ina hairí i ngach teanga faoi mar atá sé in inchinn an duine.

*... is ionann na prionsabail a bhaineann leis an teaglaim atá taobh thiar den ghramadach agus an teaglaim ghéiniteach ... Deirtear gur córas **teaglamach** (combinatorial) é ... inar féidir focail/géinte a chomhcheangal, gur féidir an iliomad aidhmeanna a bhaint amach le meáin atá teoranta, is é sin le rá gur féidir leis an ngéin agus leis an teanga an t-infinideach a shroicheadh le meáin fhinideacha. Deirtear nach bhféadfaí teacht ar dhá abairt a bhí go díreach mar an gcéanna dá gcuardófaí ar fud an domhain agus ar feadh na staire ach amháin má dhéantar aithris d'aon turas. Níl ach dhá chóras ann nach gcailltear na hairíonna leithleacha iontu, agus is iad sin an teanga agus an aigne.*

Agus an réabhlóid as cuimse seo ar siúl sa tuiscint atá ann don teanga tá lucht na Gaeilge ag plé lena dteanga féin amhail is dá mba sheanrothar é. Ní hamháin gur beag leas a bhain an Ghaeilge as an bhforás seo ar an eolaíocht ach níor baineadh leas ach oiread as an bprionsabal atá mar bhunús leis an eolaíocht. Cad é an ceacht atá le foghlaim ag an nGaeilge ón eolaíocht?

Is féidir gné eile den fhadhb a fheiceáil i bhfocal mar 'sharp' sa Bhéarla - is féidir 'sharp mind, sharp razor, sharp wind, sharp focus, sharp outfit' a rá gan an chiall chéanna bheith leis an aidiacht chéanna i ngach cás. Tá 'fuzziness' ag gabháil le focal mar 'sharp'. Is é is 'fuzziness' ann mar choincheap nuair nach bhfuil an rud soiléir. Ní hé go bhfuil sé doiléir ach oiread, áfach. Tá sé le feiceáil ach níl sé le feiceáil go soiléir. Tá na cialla céanna le 'sharp' i ngach cás ach tá ciall ar leith ag gach ceann i bhfianaise an ainmfhocail a ghabhann leis. Is ionann é agus an radharc atá ag an dallacán. Cad é mar a bhaineann a leithéid de dhallacántacht le focail?

Seo an rud is 'fuzziness' ann. Cad é an difear idir *cupán* agus *gloine*? Níl *cluas* ar *gloine* ach tá *cluas* ar *crúiscín*. Tá difear eile mar sin, seachas *cluas* a bheith orthu, idir *cupán* agus *crúiscín* agus mar sin de. Más ball troscáin iad *cathaoir* agus *bord* is léir nach bhfuil siad cosúil le chéile. Ciallaíonn sé sin nach féidir ciall chruinn a shocrú do na focail is bunúsaí nó comharthaí sóirt a shainiú a thuairiscíonn iad uile. Sin an fáth go bhfuil an duine ag brath ar fhréamhshamhlacha (prototypes). Chun aghaidh a thabhairt ar chuid de na fadhbanna seo ní mór súil a chaitheamh go gasta ar an tséimeantaic.

3.6 - An tséimeantaic

Tugann an tséimeantaic léargas dúinn ar leagan amach na teanga. Ní gá dúinn anseo dul isteach rómhór sa scéal ach feictear dom go ndéanfadh gach aistritheoir a leas ach eolas éigin a chur ar eolaíocht na séimeantaice. Gheofaí amach go bhfuil go leor cosúlachtaí bunúsacha idir an Béarla agus go leor teangacha eile, go háirithe mórtheangacha na hEorpa, ach go bhfuil an-difríochtaí idir an Béarla agus mionteangacha amhail an Ghaeilge.

Taispeánann an tséimeantaic nach féidir an t-aistriúchán foirfe a dhéanamh riamh toisc an oiread sin gnéithe de theanga ar bith nach féidir a thiontú go baileach agus nach mór aird a thabhairt ar nithe nach mbaineann ar dhóigh ar bith leis an ngramadach. Ní

Cuid 1

hionann, dar leis an tséimeantaic, na téarmaí *uiríoll* ('proposition'), *abairt* ('sentence') agus *urlabhra* ('utterance') óir is ag tagairt do chineálacha difriúla atá siad agus tá na difríochtaí sin ag tagairt do dhifríochtaí atá in intinn an duine.

Is teagmhas é an ***urlabhra*** nach mbaineann ó cheart ach leis an gcaint agus ní bhaineann sé le hábhar anseo. Is é is ***abairt*** ann an tsraith nó an tsreang focal as a n-eascraíonn an chiall toisc go bhfuil an abairt fréamhaithe i ngnáthrialacha gramadúla na teanga. An chiall atá san abairt baineann an t-uiríoll leis óir is sa chiall ghramadúil atá an ***t-uiríoll*** lonnaithe.

Tá an-tábhacht leis an teoiric shéimeantach i measc teangeolaithe le tamall maith de bhlianta toisc gurb é is aidhm don tséimeantaic ciall chruinn don teanga a aimsiú: cad é mar a dhéantar abairtí a thuiscint agus a fhorléiriú agus cad é mar a dhéantar iad a cheangal le gach staid agus próiseas agus réad sa chruinne. Cuireann sé ina luí ort, má dhéanann tú machnamh cúramach ar an teanga a labhraíonn tú agus ar an dóigh a n-úsáidtear í, go dtig leat teacht ar conclúidí soiléire maidir leis an gciall.

Soiléiríonn an anailís shéimeantach an bhfuil agus cad é mar atá abairt (a) aimhrialta (anomalous) toisc nach féidir an dá phreideacáid a cheangal le chéile: ***tá drochamhras ag an teach sin ar an mbáisteach*** – tá blas den aimhrialtacht ag gabháil le cuid de na samplaí thíos amhail ***an fear a bheidh pósta***, nó (b) frithchiallach (antonymous): ***tá an bhean neamhphósta pósta le fear singil***, nó (c) frisnéiseach (contradictory), is é sin abairt atá bréagach de riachtanas: ***is ainmhí é an glasra seo*** nó (d) athbhríoch (ambiguous), nuair is féidir níos mó ná ciall amháin a bhaint as: ***feachtas forbartha*** nó *Aire Dlí agus Cirt,*

43

Aistrigh Leat

Comhionnanais agus Athchóirithe Dlí nó *ba é an fhadhb an cheist a bhí le plé anois*, nó (e) go bhfuil *tá an leabhar an-ghearr* agus *níl an leabhar fada* mar an gcéanna, agus go bhfuil ceangal idir *d'fhág gach duine an seomra* agus *tá an seomra folamh*.

Is léir sna samplaí uile nach leor na focail a chíoradh ina n-aonair ach go bhfuil tábhacht leis an ngaolmhaireacht eatarthu. Sin an fáth go bhfuil *Aire Dlí agus Cirt, Comhionnanais agus Athchóirithe Dlí* mícheart mar aistriúchán. Tá an bhéim curtha ar an ngné shiontagmach beag beann ar an ngné shéimeantach bíodh is go léiríonn an fhianaise ón taighde go gcaitheann an aigne an t-am ar fad beagnach, agus abairt á próiseáil aici, ar an ngné shéimeantach den scéal.

Cá bhfuil an athbhrí? Tá *feachtas forbartha* athbhríoch toisc nach eol an *feachtas* atá *forbartha* atá i gceist nó *feachtas a bhaineann/ar mhaithe le forbairt/forbraíocht*. Ní fios an gciallaíonn *achomharc scrúdaithe* 'exam appeal' nó 'examined appeal'. Baineann an athbhrí le focal amháin. Ach ní leor focal amháin a mhíniú chun an ceangal idir *tá an leabhar an-ghearr* agus *níl an leabhar fada* agus idir *d'fhág gach duine an seomra* agus *tá an seomra folamh* a mhíniú.

Tá tábhacht freisin leis an idirchaidreamh, an dóigh a imríonn na focail ar a chéile agus tá tábhacht leis na hairíonna siontachtacha den abairt: cá bhfuil an t-ainmneach, cá bhfuil an cuspóir agus feicfimid láithreach sa bhunsampla seo nach ionann in aon chor an Béarla agus an Ghaeilge: 'the boy was eaten by the lion' – *an leon a d'ith an gasúr*. D'fhéadfaí b'fhéidir *itheadh an gasúr ag an leon* a rá faoi mar a déarfaí *leagadh an teach ag an ngaoth* ach is fearr soiléire an fíorainmneach a chur san áit cheart, rud is dúchasach don Ghaeilge.

Cuid 1

3.7 - An choibhéis

Bhí na Gréagaigh den tuairim go gcuireann an teanga síos ar a bhfuil ann sa domhan ach go gcuireann sé an saol i gcrích tríd an gcur síos. I mbeagán focal, fothaíonn an teanga an saol. Fothaíonn gach teanga a tuiscint féin don saol. Má chuireann tú an fíoras sin le fíorais eile - an difríocht idir na teangacha, taithí an aistriúcháin agus a dheacra atá sé aird a thabhairt ar an gcomhréir agus ar an tséimeantaic ó theanga go chéile - níl an t-aistriúchán róshásúil mar obair.

Tá an iomad réimsí doiléire ag gabháil leis an iarracht chun téacs barántúil i dteanga amháin a thiontú ina théacs barántúil i dteanga eile. Tá an iomad éiginnteachta ag baint leis an gciall, an iomad téarmaí atá do-aistrithe. An ionann 'mind' agus 'geist' agus 'esprit' agus *aigne* mar shampla? An bhfuil siad go hiomlán coibhéiseach? Feictear an fhadhb in *Vocabulaire Européen des Philosophies* (Cassin 2004) mar a ndéantar mionscagadh ar na téarmaí is tábhachtaí agus is casta i gcultúr na hEorpa.

Tá go leor de na teangeolaithe den tuairim chéanna go bhfuil focail i ngach teanga atá do-aistrithe toisc go gcuireann gach sochaí a cuid cialla féin sa téarma. Ach tá an coincheap ann de ghnáth cheana. Fadhb ollmhór é seo sa Ghaeilge toisc nach bhfuil de théarma sa Ghaeilge ach an téarma atá ceaptha d'aon turas, nach bhfuil ag freagairt d'aon choincheap san aigne. Ní hionann téarma dá shamhail agus an téarma a nglacann pobal leis ina ghnáthchomhrá laethúil. Agus cuireann an fhadhb sin le dothuigtheacht an aistriúcháin más rud é nach bhfuil tuiscint ar bith ag an léitheoir don téarma atá á úsáid. Ciallaíonn an deacracht sin go bhfuil sothuigtheacht an aistriúcháin go Gaeilge faoi amhras ón tús.

Aistrigh Leat

B'fhéidir go bhfuil ceacht le foghlaim sa chomhthéacs seo ón nGiúdais. D'eascair an Ghiúdais as meascán mearaí de theangacha ach bhí cuspóir soiléir rompu mar chleachtóirí, an teanga a choimeád dílis di féin. B'éigean di freastal do riachtanais an Bhíobla agus don tábhacht a ghabh leis an gcruinneas sa chomhthéacs sin agus theastaigh uaithi drochamhras a chaitheamh ar gach rud eile. Múnlaíodh í faoi bhrú na nglúnta. Deir Paul Kriwaczek (2004). 'But as times change, so do fashions and values. What our parents found an embarrassment may be a source of pride to us, what we deplore our children often praise'. Cothaíodh an cumas iontu drochmheas a thaispeáint don teanga fad a bhí siad ar a ndícheall í a fhorbairt.

Cruthaíodh focail ar an gcéad dul síos chun cur síos ar na coincheapa, bíodh siad soiléir nó doiléir, réalaíoch nó samhaltach, a bhí á láimhseáil ag an bpobal. B'fhiú a leithéid de mhionscagadh a dhéanamh ar na focail atá ar eolas againn sa Ghaeilge. Is baolach go bhfuil siad ag brath go hiomlán ar an eolas a bhí ag na scoláirí ar an mBéarla agus ar an mbuille faoi thuairim a thug siad den choibhéis idir an dá theanga. Na lámhscríbhinní uile ar lonnaigh na scoláirí saíocht na teanga ar fad iontu (agus scoláirí ón gcoigríoch ab ea a bhformhór i dtús báire) bhí siad dothuigthe go dtí gur cuireadh leagan Béarla ar fáil.

Is ar bhonn na n-aistriúchán bunaidh a rinneadh an t-am úd atá cuid mhór den choibhéis idir téarmaí Béarla agus téarmaí Gaeilge atá againn fós. Is mithid b'fhéidir, má tá ceird an aistriúcháin ag borradh arís, do scoláirí na linne seo súil an aistritheora a chaitheamh ar chuid de na téarmaí sin agus iarracht a dhéanamh coibhéisí níos caolchúisí a dhéanamh. Ní leor an choibhéis lom feasta; ní mór na macallaí agus réimeanna san fhocal a shainiú. Aisteach go leor tá a mhalairt de phróiseas ar siúl le daichead

Cuid 1

bliain anuas ag an gCoiste Téarmaíochta agus é ar a dhícheall téarma coibhéiseach sa Ghaeilge a aimsiú don cheann atá ann sa Bhéarla. Ní dócha go mbeidh an rath céanna ar an obair seo mar is ag triall ón teanga aithnid go dtí teanga anaithnid, ón teanga láidir fuinneamhach go dtí an teanga lag, atáimid.

3.8 - An focal féin

*'Every adventure of the mind is an adventure vehicled by words. Every adventure of the mind is an adventure **with** words; every such adventure is an adventure **among** words; and occasionally an adventure is an adventure of words. It is no exaggeration to say that, in every word of every language – every single word or phrase of every language, however primitive or rudimentary or fragmentarily recorded, and whether living or dead – we discover an enlightening, sometimes a rather frightening, vignette of history; with such a term as **water** we find that we require a volume rather than a vignette'.* (Partridge 1980:37)

Tá an t-aistriúchán ina mheán idirghabhála idir dhá theanga, idir litríochtaí, idir smaointe, idir sibhialtachtaí. Ní buan ná neamhathraitheach atá aon sibhialtacht ná cultúr. Tá an t-aistritheoir chomh neamhbhuan céanna agus athraíonn an cur chuige aige ó chéad go céad agus ó ghlúin go glúin. Ní hionann an chiall atá san fhocal ó aois go chéile agus ní hionann an tuiscint a bhaintear as an bhfocal ach oiread. Ós rud nach é an focal an chéad lúb sa slabhra ní mór an bhéim a chur ar an gcoincheap agus ar an gcaidreamh idir na coincheapa agus déanann an focal a dhícheall ar deireadh thiar na coincheapa sin a lonnú i dtéarmaí atá inaistrithe. Tá tábhacht leis an dóigh ina n-imríonn focail ar a chéile, an caidreamh siontagmatach, agus ar

Aistrigh Leat

an idirthuilleamaí laistigh den fhocal agus den chiall, an caidreamh paradagmatach, mar a bhfuil comhchialla, téarmaí coibhéiseacha agus mar sin de. Tá siad uile freagrach as an téacs comhchuí comhghreamaitheach a thógáil.

Chun aistriúchán maith a dhéanamh is é an focal an bhunchloch. Tagann an focal sa chéad áit. Sa Chriól níl spás do ghramadach de shaghas ar bith. Is é an focal an fórsa a dhéanann an ghluaiseacht, an solas a shoiléiríonn an bealach, an scian a théann faoin gcraiceann. Sin an fáth gur fiú iarracht a dhéanamh sárléargas a fháil ar cad is focal ann.

Tá cúis eile leis. Ós rud é go bhfuil an saothar seo dírithe ar aistritheoirí agus ábhar aistritheoirí, is dóigh liom go bhfuil slánú agus simpliú na teanga ag brath orthu. Dá dhícheallaí líofa na húdair agus na filí a chuir friotal ar a gcuid smaointe sa Ghaeilge le céad bliain anuas ní raibh an dualgas céanna orthu agus atá ar aistritheoirí bheith ag smúrthacht i gcúinní nár cleachtadh an Ghaeilge iontu riamh. An scríbhneoir cruthaitheach atá in amhras faoi riail éigin nó faoi thoirmeasc éigin níl le déanamh aige ach iad a imghabháil. Ina theannta sin más rud é go bhfuil foclóir agus téarmaí agus cleachtas aige nach bhfuil ar aon dul le chéile nó de réir a chéile ní fios sin ach dó féin. Caithfidh an t-aistritheoir bheith loighciúil, comhsheasmhach, comhchuí mar is eol cad é an téacs atá á aistriú, is eol cad é an téarma atá ann sa Bhéarla, is eol cad é an téarma is ceart a bheith ann sa Ghaeilge. Ar an drochuair níl an Ghaeilge róthugtha don chomhchuibheas: tá *cód iompair* agus *cód iompraíochta, teicneolaíocht faisnéise* agus *teicneolaíocht eolais* againn, gan ach iad sin a lua.

Cuid 1

3.9 - Foclóir

Ceapadh tráth nach raibh aon cheird ag gabháil le foclaíocht ach tuigtear anois go bhfuil an-tábhacht leis an dóigh ina bhfoghlaimítear agus ina n-úsáidtear focail. Cad é an foclóir atá ar a thoil ag an ngnáthdhuine, cad é mar a chuirtear i dtaisce an focal, an bhfuil cleas ar bith ann chun an focal ceart a aimsiú? An bhfuil tuairim ar bith ag éinne cad é an gnáthfhoclóir atá ag an ngnáthGhaeilgeoir, is é sin cad é líon na bhfocal a d'aithneodh an céimí le Gaeilge mar shampla, céad, ceithre chéad, míle, ceithre mhíle, deich míle, daichead míle? Cad é an t-íoslíon is gá chun aistriú ón mBéarla ach go háirithe mar a bhfuil deich míle ar a theanga ag an ngnáthdhalta a bhfuil deich mbliana d'aois aige?

Cad é mar a eagraíonn an duine an taisce sin? Ceapadh arís gurb ionann focail a thiomsú sa chuimhne agus prátaí a chaitheamh isteach i mála. Tuigtear anois nach aonad ar leithligh é an focal atá follasach, soiléir, inaitheanta ach nach bhfuil teorainn le focal ná lena chiall, agus gur fearr leis an duine focal nua a fhoghlaim i bpáirt le focail atá ar eolas aige cheana, go bhfuil sé ag brath ar na fréamhshamhlacha agus ar na nascanna idir focail agus go bhfuil an comhthéacs fíorthábhachtach óir foghlaimítear focail sa chomhthéacs ina gcloistear nó ina léitear iad. De ghnáth nuair atá focal á lorg againn eascraíonn i bhfad níos mó focal as an gcuimhne ná mar is gá. Ach tríd is tríd má tá eolas againn ar mhír léacsach i dteanga amháin is fusa a macasamhail a fháil sa dara teanga.

Luíonn sé le ciall agus le taithí go bhfuil deacracht ar leith leis an aistriúchán ón mBéarla toisc an foclóir as cuimse mór atá sa Bhéarla, agus an foclóir ilghnéitheach atá ann. Tá ceithre oiread

49

Aistrigh Leat

téarma sa ghnáthfhoclóir Béarla agus atá sa Fhraincis nó sa Rúisis. Ciallaíonn sé sin nach acmhainn do theangacha eile aithris a dhéanamh ar fhairsinge an Bhéarla. Ní taise don Ghaeilge. Tá éagsúlacht as cuimse téarmaí sa Bhéarla. Agus tá an éagsúlacht agus an ilghnéitheacht sin ag dul i méid an t-am ar fad. D'ainneoin na héagsúlachta sin tá sainiúlachtaí nua á gcruthú san fhoclóir ann an t-am ar fad go háirithe fad a bhaineann leis na réimsí nua-aimseartha sin a bhfuil téarmaíocht úrnua ag borradh iontu, an nuatheicneolaíocht agus cúrsaí airgeadaíochta ach go háirithe.

Ina theannta sin is ag mBéarla atá an líon téarmaí is mó a bhaineann le gnéithe meafaracha, fáthacha (fíortha), canúnacha, nathánacha den teanga. Déanann sin obair an aistriúcháin níos deacra toisc nach mór aird a choimeád ar an teangeolaíocht chodarsnach (contrastive). Toisc go bhfuil an Béarla mar mháthairtheanga ag an ngnáthaistritheoir go Gaeilge is baolach go bhfuil a aird aige ar athraitheacht an Bhéarla agus go bhfeictear dó gur leor téarma ar bith a aimsiú chun an dea-Ghaeilge a chur ar fáil. Is tábhachtaí i bhfad mar sin aird a choimeád ar inneachar léacsach na teanga atá luaineach seachas ar an ngramadach atá níos seasmhaí.

Níl aon fhoclóir Béarla-Gaeilge nua-aoiseach ann agus tá an foclóir Gaeilge-Béarla *(FGB)* lochtach, easnamhach. Is é an ganntanas is mó nach bhfuil aon chomhthéacs don téarmaíocht ann. Mar shampla - agus is é an seargadh a tharla don Ghaeilge le céad bliain anuas is cúis leis an bhfeiniméan seo - tá iliomad briathra luaite in *FGB* a bhfuil comharthaí sóirt an ainmfhocail umpu nach furasta a úsáid mar ghnáthbhriathra ach mar ainmneacha briathartha amháin ... agus ansin féin níl siad go léir mar an gcéanna. Tá *comharsanacht* ina ainmfhocal *bona fide* mar *sa chomharsanacht* agus ina bhriathar *ag comharsanacht le duine* ach níl ach feidhm briathair ag *cneáireacht* nó ag *snagaíocht*. Ní thugann *FGB* an treoir is dual. Faoi **adhradh** tugtar dhá mhíniúchán: **1.** vn. *of adhair*, agus **2.** adoration, ach faoi *laochadhradh* níl tagairt do bhriathar. Ní mór do chomplacht na n-aistritheoirí na cásanna seo a shoiléiriú tríd an taighde agus an machnamh agus an comhar.

3.10 - Ceird na téarmaíochta

Sin an fáth go bhfuiltear den tuairim nach mór ceird na téarmaíochta a theagasc oiread agus rialacha na gramadaí. Is leor smaoineamh ar théarmaíocht an spóirt chun na difríochtaí cultúrtha idir na teangacha a thabhairt faoi deara. Ní furasta frámaí cultúrtha a phósadh ar a chéile. Ar bhealach is ionann an cúlra cultúrtha don dá theanga in Éirinn má smaoinítear ar an ré seo amháin ach tá ganntanas uafásach sa Ghaeilge maidir le go leor de na gnéithe is cuid dhílis den chultúr nua-aoiseach. Cad é mar a fhuasclaíonn an t-aistritheoir an fhadhb sin? An leor leagan ar bith nó leagan malartach nó leagan nua a sholáthar sa Ghaeilge, is cuma má tá sé dothuigthe ar fad, agus an dualgas a chur ar an léitheoir é a láimhseáil, nó an frithaistriúchán é sin?

Rinneadh iarracht cuid den ghanntanas seo a cheartú thar na blianta ach ní dheachthas i bhfeidhm ar mheon an Ghaeilgeora. Chuir Liam Ó Dúlacháin **Téarmaí Cuntasaíochta** (1964) ar fáil daichead bliain ó shin faoi mar a chuir Liam Ó Buachalla **Bunadhas an Gheilleagair** (1935) ar fáil tríocha bliain roimhe sin arís, ach toisc nár baineadh feidhm as ceachtar acu rinneadh neamhshuim díobh. Níor tugadh ar aon dalta scoile eolas a chur ar na téarmaí sin. Níor bhain siad le hábhar. Níor chuid den oidhreacht chultúrtha iad. Níor tugadh seasamh ar bith dóibh. In ionad na téarmaí sin a dhaingniú i ngnáthfhoclóir na Gaeilge, b'éigean sraith de théarmaí nua a cheapadh in *Téarmaí Staidéir Ghnó* (1989) agus tá an neamhshuim chéanna á cur iontu sin anois. Ní amharctar orthu mar ghnáthchuid de ghnáthlón aigne an Ghaeilgeora léannta.

Is amhlaidh atá i gcúrsaí dlí. Bíodh is go raibh *Téarmaí Dlí* (1958) in ainm a bheith ina chaighdeán don téarmaíocht i gcúrsaí dlí agus go bhfuil sé ar an margadh le caoga bliain ba chaol an chuid den líon teoranta a cuireadh ar fáil sa saothar sin a bheadh le háireamh ar ghnáthfhoclóir an ghnáthdhuine. Níor tairgeadh an saibhreas sin don mhac léinn riamh. Ní hionadh mar sin gur beag borradh atá tagtha ar fhoclóir an dlí nó ar thuiscint an ghnáthdhuine air le blianta anuas óir ní dhearnadh atheagrán riamh de *Téarmaí Dlí* agus tá sé as cló le fada. Níl eagarthóireacht ná scagadh déanta ach oiread ar na téarmaí nua dlí atá tagtha chun cinn sa reachtaíocht le daichead bliain anuas.

Is beag téarma, go fiú téarma teicniúil, a bhfuil aistriúchán foirfe ag gabháil leis. Tá téarmaí institiúideacha idirnáisiúnta (UNESCO, NATO) mar shampla, ach arís ní bhaineann sin le hábhar i dtaca le Gaeilge de óir úsáidtear an leagan Béarla de ghnáth. Mar thoradh ar an obair iontach atá déanta ag an ISO (International Organisation for Standardisation) tá líon na dtéarmaí a bhfuil aistriúchán coibhéiseach cruinn sna teangacha sna tíortha tionsclaíocha ag dul i méid go mór. Is eol don aistritheoir sna cásanna sin nach gá bheith imníoch faoin teachtaireacht atá i gceist ná faoin gciall ar leith atá ag gach téarma san aonad.

Cuid 1

Is cinnte go bhfuil gá le buaneagraíocht den chineál céanna sa Ghaeilge chun an caighdeán sa téarmaíocht a mhaoirsiú agus chun fadhbanna laethúla an aistritheora a fhuascailt. Tá gá le heagras éigin a mbeadh údarás aige chun comhchuibheas agus leanúnachas a áirithiú sa chomhthéacs seo agus a mbeadh an chumhacht aige na cleachtóirí a cháineadh agus tabhairt orthu na téarmaí cuí a úsáid. Is beag ábhar dóchais atá ann i bhfianaise na taithí atá againn le céad bliain anuas. Ní hamháin nach raibh lucht na Gaeilge tugtha don fhéinmheasúnú riamh ach chonacthas dóibh go raibh gach mac máthar acu ina chaomhnóir oifigiúil ar an teanga agus gur aige amháin a bhí an léargas beannaithe.

Tháinig sé de mhítheas dúinne Gaeilgeoirí leas na teanga a chothú seachas an leas pearsanta. Ní dócha go mbunófar údarás den saghas sin ná údarás de shaghas ar bith eile gan mhoill. Is ar an aistritheoir atá comhchuibheas agus ionracas agus forás na teanga ag brath. Má tá fasach ann lean é nó ina éagmais sin mínigh don chomhluadar cad é atá cearr leis agus féach le fasaigh thairbheacha nua a bhunú. Tá an-bhuntáiste ag an aistritheoir go Gaeilge: in ionad bheith ina bhlúire de pháipéar súite mar atá sé i dtaca le Béarla de mar a nglacann sé gan cheist le pé leagan a chuirtear faoina bhráid, ina shop féir, ina ghlacadóir neafaiseach neamhghníomhach, is féidir leis bheith rannpháirteach go gníomhach dearfach san iarracht an Ghaeilge a fhairsingiú agus a shaibhriú, agus a chruthú más gá.

3.11 - Neamhbhuaine sa chiall

An botún is measa dá ndearnadh sa Ghaeilge riamh anall baineann sé leis an iarracht aistriúchán focal ar fhocal a dhéanamh ón mBéarla go dtí an Ghaeilge. Ní dhéanfadh Francach ná Gearmánach an botún céanna. Ní hionann iad mar theangacha an Ghaeilge agus an Béarla. Ní mór an t-ábhar ar fad atá sa téacs bunaidh a cheapadh agus toisc go bhfuil struchtúr teangeolaíoch agus cultúrtha eile mar chomhthéacs don téacs is minic nach féidir é a thabhairt leat gan an téacs a mhéadú san aistriúchán. Mar sin ba cheart gur faide de ghnáth an t-aistriúchán ná an téacs bunaidh. Is cuma faoin gcosúlacht ar phár idir an dá théacs, is cuma an t-aistriúchán a bheith i bhfad níos faide ná an buntéacs. Níl ach rosc catha amháin is dual don aistritheoir: an t-aistriúchán a bheith ciallmhar, sothuigthe, soléite, nó an chiall chun tosaigh, i gcónaí an chiall, an chiall agus arís an chiall. (Chun fianaise eile a thabhairt ar na deacrachtaí atá ag an aistritheoir go Gaeilge tá an leagan *gach cúnamh agus caomhnú is gá* sa Phas Éireannach ar an abairt 'all necessary assistance and protection' – sampla ón seanam nach bhfuil ar aon dul leis an téarmaíocht nua-aimseartha, ach nach ceadmhach a leasú de réir dealraimh.)

Seo roinnt samplaí ina bhfuil amhras ann faoin gciall ar chúiseanna éagsúla:

- ***ar feitheamh thógáil*** *oifigí nua ansin* (pending the construction of new offices there), tá ***ar feitheamh*** á úsáid mar réamhfhocal ach tá sé cosúil le ***ar marthain, ar siúl***, is abairtín dobhriathartha a bhfuil éifeacht aimseartha leis; is earráid shiontachtach é seo a bhfuil impleachtaí séimeantacha ag gabháil leis

Cuid 1

- *beidh an léachtóir freagrach as léachtaí ... agus ceardlanna a chomhordú agus a sheachadadh* (the lecturer will be responsible for the co-ordination and *delivery* of lectures ... workshops); earráid shéimeantach atá anseo óir is doiligh a shamhlú cad é mar is féidir *léacht nó ceardlann a sheachadh*; tugann *seachaid* le fios go bhfuil earra éigin le tabhairt ó dhuine amháin do dhuine eile

- *ar feadh fhad ama na breoiteachta* - for the duration of the illness; nárbh fhusa *fad a mhaireann an bhreoiteacht* a rá?

- *foráil do chóid reachtúla chleachtais* - provision for statutory codes of practice

- *glaoch ar iarratais chistíochta do thionscnaimh a thugann aghaidh ar an ndíobháil a bhaineann le halcól* (call for funding applications for projects tackling alcohol related harm); tá *aghaidh a thabhairt* sásúil go dtí go bhfeictear gur 'tackle' atá le haistriú; ar a mhéad, ciallaíonn sé 'face up to' ach tá níos mó i gceist

- *tacóidh an Leas-Stiúrthóir le bainistíocht straitéiseach a dhéanamh ar na **fiosrúcháin** ar fad **a dhéanfar** ar ghearáin faoi bhaill an Gharda Síochána agus cuirfidh sí/sé comhairle agus treoir ar fáil don Choimisiún faoi **chúrsaí fiosruithe*** (the successful applicant will assist in the strategic management of all investigations into complaints against members of the Garda Síochána and provide advice and guidance to the Commission on investigation matters); rinneadh tagairt dá leithéid thuas; ní hionann *fiosrúchán* agus 'investigation'; baineann an dara fadhb leis an aimsir *a dhéanfar* (pléifear an cheist sin thíos), agus tá *cúrsaí fiosruithe* i bhfad róleathan agus rófhada ón mbuntéarma; b'fhiú an frása a fhadú agus *maidir leis na hábhair a bhaineann leis an/a leanann ón imscrúdúchán*

- *iarratais ar **bhainisteoirí inneachar cláir** multiplex* (applications for multiplex programme content managers); tá an chiall scriosta ag an ngontacht; ní mór an t-aonad a mhiondealú agus gach cuid de a aistriú; tá sé ina *bainisteoir ar inneachar na gclár* agus táthar ag lorg iarratas ó dhaoine a bhfuil fonn orthu bheith ina mbainisteoirí ar a leithéid.

- *ach reachtaíocht a bheith **athráite**, beidh (sé) níos éasca le tuiscint agus le teacht air trí Achtanna a bheith tugtha cothrom le dáta chun gach leasú a dhéantar i ndiaidh Achtanna nó Ionstraimí Reachtúla a thabhairt le chéile in aon fhormáid amháin a bheidh éasca le léamh. Ní chuireann athráitis isteach ar éifeacht an dlí ar bhealach ar bith* (restatements make legislation more user friendly and accessible by updating Acts to incorporate all amendments made by subsequent Acts or Statutory Instruments into one easy to read format. Restatements do not alter the effect of the law in any way); tá an abairt seo déanta d'fhocail atá sothuigthe simplí ach tá an abairt féin dothuigthe; baintear úsáid as 'fronting' chun an t-eolas is tábhachtaí a chur chun tosaigh ach b'fhéidir gur san fhocal *athráite* atá an chonstaic. Tá an *ath-* athbhríoch óir tugann sé le fios ar an gcéad dul síos gur 'repetition' atá ann agus ní 'restatement'. B'fhearr an abairt a mhéadú agus *reachtaíocht a bheith curtha i bhfriotal eile/ráite ar dhóigh eile/nua* a rá. Ina dhiaidh sin téann an abairt in aimhréidh. Ciallaíonn 'user friendly' sa chomhthéacs seo *soléite*. Ní dóigh liom go bhfuil aon deacracht teacht ar na téacsanna ach tá deacracht maidir lena dtuiscint. B'fhiú an abairt a roinnt i ndiaidh 'accessible'. Tá an iomad eilimintí ag iarraidh go dtarraingeofaí aird orthu: *achtanna a uasdhátú, na leasuithe uile a ionchorprú, leagan/eagrán soléite amháin a dhéanamh.*

Cuid 1

Sa sampla seo a leanas tá na fadhbanna uile atá á bplé thíos ach is i dtaca leis an easpa céille ba mhaith liom aird a tharraingt orthu anseo. Feictear dom go bhfuil na frásaí a bhfuil * rompu go hiomlán dothuigthe:

- *tá an Roinn Talmhaíochta & Bia ag lorg iarratais ar mhaoiniú faoi Chlár *an Chiste Spreagtha Taighde* (the Department of Agriculture & Food invites applications for funding under the Research Stimulus Fund Programme)

- *tacú le beartais agus le *cleachtais táirgthe talmhaíochta a bheadh inbhuanaithe agus iomaíoch* (to support sustainable and competitive agricultural production practices)

- *measúnú & bainistiú Priacail maidir le táirgeadh talmhaíochta, ar a n-áirítear *Táscairí Timpeallachta Talmhaíochta Comhtháite* (Risk Assessment and Management relating to agricultural production, including development of integrated Agri-Environment Indicators)

- **leordhóthanacht mheasúnú an Gharda Síochána ar *iontaofacht admháil Mr Lyons sular cúisíodh i ndúnmharú é* (the adequacy of the Garda assessment of the reliability of Mr Lyons' confession before he was charged with murder).

Níor mhaith liom go dtuigfí ón méid thuas nach bhfuil ach drochshamplaí le fáil sna téacsanna éagsúla. Ní hamhlaidh atá. Feic mar shampla an leagan gonta seo a leanas:

- *Tá an Chomhairle Chomhairleach ar Eolaíocht, Teicneolaíocht agus ar Nuálaíocht ag déanamh athbhreithniú ar fheidhmíocht na Comhairle faoi láthair agus ag iarraidh beartais a aimsiú chun cuidiú leo an leibhéal agus an caighdeán i réimse na nuálaíochta agus i dtaighde ar an tsláinte sa tír seo a thabhairt céim eile chun cinn ... tá páipéar comhchomhairleoireachta ullmhaithe ag an gComhairle... Tá an Chomhairle ag lorg tuairimí, smaointe nó aighneachtaí maidir leis an méid atá sa pháipéar ó dhaoine aonaracha, ó oibrithe gairmiúla in earnáil na sláinte, ó thaighdeoirí, ó lucht maoinithe taighde, ó ghrúpaí carthannachta, ó ollscoileanna agus ó scoileanna leighis, ó ospidéil, ó ghrúpaí othar, ó thionscal, ó ghrúpaí tionscail, ó ranna agus ó ghníomhaireachtaí rialtais, ó eagrais stáit agus ó aon pháirtí leasmhar eile ar na príomhcheisteanna atá sonraithe sa pháipéar comhchomhairleoireachta. ...* Murach an bolgam mór comhchomhairleoireachta faoi dhó tá an téacs sin chomh soiléir soléite sothuigthe agus is féidir a bheith.

Is eol dúinn go bhfuil a leath de na téarmaí nua sa Bhéarla bunaithe ar théarmaí atá ann cheana agus an chiall thraidisiúnta arna leasú beagainín nó cruthaítear téarma úrnua ar fad. I gcás na Gaeilge, áfach, níor tharla ceachtar den dá phróiseas sin mar ní raibh teanga ná téarmaíocht ann cheana a bhí ag freagairt do na réimsí nua-aoiseacha sin. Ina theannta sin, mar is léir ó na samplaí thuas, tá tosaíocht á tabhairt rómhinic don ghné shiontachtach agus ní don ghné shéimeantach nó an chiall.

Maidir leis an nuathéarmaíocht i gcoitinne (teicneolaíocht, eolaíocht, geilleagar, airgeadas) tá an Ghaeilge ar an ngannchuid agus tá na téarmaí nua le foghlaim as an nua ag an aistritheoir, óg agus aosta. Léiríonn na nuathéarmaí na réimsí ina bhfuil an cine ag éirí gníomhach, ina bhfuil na gníomhaíochtaí is

Cuid 1

luachmhaire ag titim amach. Ní nach ionadh níl na gníomhaíochtaí sin á gcur i gcrích trí Ghaeilge - dúshlán sa bhreis mar sin ar an aistritheoir a chuid eolais ar na cúrsaí sin a fheabhsú agus eolas beacht a chur ar na téarmaí atá nuachumtha sa Ghaeilge chun freagairt dóibh.

Lasmuigh den chorrfhocal teicniúil tá na saineolaithe den tuairim gur tearc focal a bhfuil ciall aige atá seasta socair. Is fíoras eolaíoch feasta é sin ach tá an fíoras céanna soiléir ón ngnáth-thaithí. Tabhair an abairt chéanna don aistritheoir céanna dhá uair sa tseachtain agus déanfar leagan malartach gach uair. An téarma a d'úsáid an t-aistritheoir inné tá sé athraithe inniu. Tabhair cairde seachtaine don aistritheoir agus déanfar an abairt ar fad a athrú. Dá leanfadh an dara haistritheoir an dara bealach sin cháinfí go géar é ach athraíonn gach aistritheoir a intinn ó mheandar go meandar. Feic mar shampla sa doiciméad céanna mar aistriúchán ar an abairt chéanna 'transport of properties, accessories and animals to or from theatrical, musical, film, sports or circus performances, fairs or fêtes': *tá fearas, fearais, feistí agus ainmhithe a iompar chuig taibhithe amharclainne, ceoil, scannáin, spóirt nó sorcais nó chuig aontaí nó féiltí nó uathusan* agus mar mhalairt *iompar maoine, gabhálas agus ainmhithe go dtí taibhithe amharclainne, ceoil, scannáin, spóirt nó sorcais, nó uathu, nó go dtí aontaí nó fêtes nó uathu*. Níl caill ar cheachtar den dá leagan ach tá bundifríocht eatarthu mar sin féin maidir le téarmaíocht, gramadach, ciall agus eile.

Seo sampla maith den fheiniméan céanna ina bhfuil fianaise den éiginnteacht inmheánach sa Ghaeilge atá idir chamáin sa saothar seo (tagraíonn A - E do na nótaí ag an mbun):

Aistrigh Leat

in activities of any company, association or body having as its sole or one of its principal objects the provision of facilities for the employment of or the training or re-training for employment of <u>disabled persons</u> *(A)* provided the constitution of such company, association or body <u>requires</u> *(B)* that its income and property shall be applied <u>solely</u> *(C)* to such object (or to such object) and other charitable objects and that no portion thereof may be transferred directly or indirectly by way of dividend, bonus or otherwise howsoever by way of profit to the members of such company, association or body

***

i ngníomhaíochtaí aon chuideachta, comhlachais nó comhlacht arb é a aonchuspóir nó ceann dá phríomhchuspóirí saoráidí a chur ar fáil chun daoine <u>míthreoracha</u> a fhostú nó a oiliúint nó a athoiliúint le haghaidh fostaíochta ar choinníoll <u>go mbeidh sé riachtanach</u> de réir bhunreacht na cuideachta, an chomhlachais nó an chomhlachta sin go ndéanfar a ioncam agus a mhaoin a chur chun feidhme <u>d'aontoisc maidir leis</u> (D) <u>an gcuspóir</u> sin (nó maidir leis an gcuspóir sin) agus maidir le cuspóirí carthanacha eile agus nach ndéanfar aon chuid de a aistriú go díreach nó go hindíreach ar mhodh díbhinne, bónais, nó ar aon bhealach eile ar mhodh brabúis chuig comhaltaí na cuideachta, an chomhlachais nó an chomhlachta sin

***

i ngníomhaíochtaí aon chuideachta, comhlachais nó comhlachta arb é a aonchuspóir nó ceann dá phríomhchuspóirí saoráidí a chur ar fáil chun daoine <u>míchumasaithe</u> a fhostú nó a oiliúint nó a athoiliúint le haghaidh fostaíochta ar choinníoll <u>go n-éilítear</u> de réir bhunreacht na cuideachta, an chomhlachais nó an chomhlachta sin go ndéanfar a ioncam agus a mhaoin a chur chun feidhme <u>go hiomlán faoi chomhair an chuspóra sin</u> (E) agus cuspóirí carthanacha eile agus nach ndéanfar aon chuid de a aistriú go díreach nó go hindíreach ar mhodh díbhinne, <u>bónas</u> nó ar aon bhealach eile ar mhodh brabúis chuig comhaltaí na cuideachta, an chomhlachais nó an chomhlachta sin

Cuid 1

Nótaí

(A) téarmaíocht
(B) téarmaíocht agus aimsir
(C) cur chuige gramadúil
(D) an ginideach á sheachaint
(E) fágtha ar lár

Cad é mar a aimsíonn an t-aistritheoir an focal ceart? Tá mé ag tagairt anois don té a bhfuil an teanga ó dhúchas aige nach mór. Más fíor go bhfuil an inchinn níos tapúla ná an rún, ceaptar go gcuirtear liacht focal ar fáil nuair a thagann an cuireadh ón aigne chun focal a roghnú. Ní ganntanas téarmaí atá ag cur as don duine go minic ach an iomad. Is deacra an ceann cruinn ceart a roghnú nuair atá an iomad agat. Ach dá thúisce atá an t-idirdhealú déanta san inchinn idir an ceann cruinn ceart agus na malairtí nach bhfuil chomh cruinn ceart céanna is amhlaidh is fearr. Ní nithe fánacha nó 'trivia' iad na focail a chuireann friotal ar ár smaointe ach tá siad ina gcuid dhílis de chóras atá chomh casta sin toisc go bhfuil siad i bhfostú ina chéile. Tagann an próiseas chun bheith nádúrtha gasta go leor.

3.12 - Teicníc an fhoclóra

Sin an fáth gur gá teicníc an fhoclóra a fhoghlaim. Is beag am a chaitear i rang na Gaeilge ar *theicníc* an fhoclóra. Dá éagmais sin caithfidh an t-aistritheoir an teicníc a chothú ann féin chun diamhracht an fhoclóra a mháistreacht dó féin. Is fusa mar shampla focail atá gaolmhar le chéile a fhoghlaim ná focail nach bhfuil gaol ar bith eatarthu. Is fusa an téarma sa Ghaeilge a fhoghlaim má thuigtear an chiall atá leis an téarma sa Bhéarla. Is fusa ainmfhocail a fhoghlaim ná dobhriathra. Mar a dúradh thuas tá foclóir an Bhéarla do-áirithe. Agus ar an drochuair chuaigh ceal san fhoclóir a bhí ann sa Ghaeilge. Tig leis an aistritheoir cuid den tosaíocht sin a athnuachan. An féidir a shamhlú, mar shampla, nach bhfuil focal mar *caldar*, 'anything strong or rough' in-athfhorbartha i gcomhthéacs nua-aoiseach?

Ní fios dúinn cad is gnáthfhoclóir don ghnáthGhaeilgeoir mar ní fios dó féin. Tá na gnáthfhocail aige gan amhras ach ní heol dúinn líon na bhfocal ba cheart a bheith ag dalta ag deireadh na bunscoile. Níl aon tagarmharcáil (benchmarking) againn. Bheadh sé furasta go leor an tslat tomhais sin a bhunú, na focail is sofhoghlama a leagan síos, na focail nár mhiste a bheith ag an dalta ag tús na meánscoile, ach táimid tachta ag an infhilleadh agus an díochlaonadh. Ní leor *eitpheil* a bheith againn ach ní fiú é mura bhfuil *eitpheile* agus *eitpheileanna* againn freisin. Tríd is tríd nuair nach bhfuil infhilleadh i gceist faightear an focal simplí ar dtús agus an focal casta ar ball. Ach níl focal casta sa Ghaeilge iarbhír. Tá an chastacht san infhilleadh. Tá *conradh* simplí go leor ach níl sé simplí a thuilleadh más gá *conartha* agus *conarthaí* a chur san áireamh. Tá *culaith* simplí sothuigthe ach níl *culaithe* agus *cultacha* chomh simplí céanna. Tá *comharsa* simplí agus coitianta ach is deacra *comharsan* agus *comharsana* a láimhseáil.

3.13 - An réamhfhocal

Is dócha go bhfuil deacracht ar leith ag an bhfoghlaimeoir in aon teanga le húsáid an réamhfhocail. Tá samplaí feicthe againn thuas. Ní furasta an fhadhb a shárú mar is beag foinse údaráis atá ann. Tugaim sampla nó dhó a bhaineann leis an réamhfhocal,

Cuid 1

maidir le habairt choitianta sa Bhéarla: 'he escaped from them'. In *FGB* faoi *imigh* **4.** get away, escape, níl oiread is sampla amháin a léiríonn an deacracht sin, ach faoi *anam* **2.** tá *d'imigh sé lena anam orthu*, 'he escaped with his life from them'. Faoi *éalaigh* tá *éalú as príosún* (escape from), *éalú ón tóir* (evade), *éalú as pionós* (evade), *éalú as an seomra* (slip out of), *cár éalaigh sé uainn* (go from) agus go meafarach *d'éalaigh an mhaidin orm* (passed unnoticed), *d'éalaigh a chodladh air* (drop off), *d'éalaigh an braon air* (go to head), agus *d'éalaigh an t-anam as* (he gave up the ghost). Ag *Ó Duin* tá: *d'éaluigh an t-anam aiste* mar aon le sampla atá fágtha ar lár in *FGB*: *d'éaluigh sé ortha* (he stole up on them).

Feic freisin faoi *baol* mar a bhfuil na samplaí *dá mbuaileadh sé mé, rud nár bhaol dó* agus *an dtiocfaidh tú?* (Beag an) *baol orm*. Dhá shampla eile atá an-suimiúil i gcomhthéacs gramadúil mar a fheicfimid thíos *ní baol duit mise* agus *ní baol duit titim*. Tá *faltanas a bheith agat do dhuine* (have a spite against s.o.) agus *fiamh a bheith agat le* duine.

Seo sampla amháin eile a léiríonn a dheacra atá sé an réamhfhocal ceart a chinneadh: an briathar *loic* mar a bhfuil *cath a loiceadh* (decline), *loiceadh ó rud* (balk at), *loic sé roimh an obair* (jib, balk), *loiceadh ar dhuine* (fail), *loiceadh ar íocaíocht* (default), *loic a shláinte* (broke down). Ní fhéadfaí bheith ag súil le míniúcháin ghramadúla san fhoclóir ach an t-eolas atá tugtha anseo tá sé chomh heasnamhach sin gur measa é ná drocheolas.

Cad é an réamhfhocal a leanann an focal *díobháil*? Níl aon eolas in aon chor faoin gceist in *Ó Duin*. In *FGB* tá *díobháil a dhéanamh do dhuine* (do an injury to s.o.) agus *dul i ndíobháil ar dhuine* (to cause damage to/trespass on s.o's property). An dtugann na samplaí sin le tuiscint go bhfuil *do* le húsáid nuair atá 'duine' i gceist, agus *ar* nuair atá 'neamhdhuine' i gceist? Go minic leanann an réamhfhocal na rialacha a bhaineann leis an mbriathar a ghabhann leis ach ní i gcónaí. Go minic freisin tá an t-aistritheoir fágtha gan treoir. Tá in *FGB* thug Dia inneachadh air (God punished him) ach in *Ó Duin* tá *bheirim inneachadh ar dhuine i* (I punish a person **for**). An bhfuil sé le tuiscint as *FGB* nach mbaineann an abairt seo le hábhar níos mó?

Tá sé suimiúil an fhadhb a bhaineann leis an réamhfhocal a bhreathnú faoin bhfocal *cúiteamh/cúitigh: cúiteamh a thabhairt do dhuine i rud* - to requite s.o. for sth.; *cúiteamh ruda a bhaint as duine* - to make s.o. pay for sth.; *cúiteamh a dhéanamh i do pheacaí* - to make retribution for sth.; *cúiteamh a éileamh ar dhuine* - to demand satisfaction from s.o.; *cúiteamh ar chaillteanas* - compensation for loss; *rud a chúiteamh le duine* - to requite s.o. for sth.; *cineáltas a chúiteamh* - to repay kindness; *chúitigh sé ár saothar linn* - he repaid us for our trouble.

3.14 - An comhthéacs

Tá an-tábhacht leis an gcomhthéacs. Feic sa Bhéarla nach bhfuil comhchiallaigh inmhalartaithe i gcónaí. Ní féidir gach aidiacht chomhchiallach a chur le gach ainmfhocal. Is ionann mar shampla 'impeccable', 'immaculate', 'spotless' agus is féidir iad uile a úsáid ag tagairt d'éadach ach is doiligh 'spotless taste' nó 'impeccable shovel' a rá. Sa Ghaeilge an féidir *anró* agus *crácáil* agus *crácamas* agus *cruatan* agus *dearóile* agus *dochma* agus *dochraide* agus *doghrainn* agus *mitheas* a idirdhealú agus an

Cuid 1

gá aidiacht a chur leo, agus más gá cé acu ceann? Má cheadaíonn tú an *Foclóir Póca* (1986) gheobhaidh tú 'immaculate' *gan smál, gan teimheal,* 'impeccable' *gan locht, gan smál, gan cháim,* agus 'spotless', *gan smál, gan teimheal.* Is ionann mar sin sna himthosca uile 'immaculate' agus 'spotless' de réir chríonnacht na Gaeilge ach ní hamhlaidh atá, ní nach ionadh.

Ní mór bheith an-chúramach leis an bhfoclóir. Glactar leis anois go bhfuil formhór na bhfoclóirí neamhiomlán, neamhréireach, neamhchórasach. Tá míniúcháin i bhfad níos sainráite de dhíth ar an aistritheoir. Caithfidh an foclóir bheith ar an dul céanna tríd síos. Tá an iomad truflaise in *FGB*, an iomad neamheolais. Is beag iarracht atá déanta an t-eolas a chur i gcomhthéacs. Tá cruinneas den chéad scoth de dhíth ar an aistritheoir, go háirithe ar an aistritheoir go Gaeilge toisc gur foghlaimeoir é agus go bhfuil saineolas de dhíth air mar gheall ar an gcaidreamh agus ar an ngaolmhaireacht idir na focail atá á láimhseáil aige.

Má amharcaimid ar *Roget's Thesaurus* tá bunathrú déanta sna heagráin chomhleanúnacha. Is léir nach ionann an comhthéacs ná an radharc ar an domhan anois agus caoga bliain ó shin. In McArthur's (1981) *Longman Lexicon of Contemporary English* tá ceithre chatagóir déag ar dá réir a chuireann an duine eolas ar an ngnáthfhoclóir. In *Longman Language Activator* (1993) tá 1052 coincheap nó 'keywords' ann mar bhunaonad a thugann léargas mar dhea ar léarscáil choincheapúil an Bhéarla. Tá gach 'keyword' ceangailte lena mhacasamhla agus déantar iad uile a idirdhealú de réir ciall, comhchiall agus sainmhíniúchán. Mar shampla tá miondealú déanta ar na cialla a bhaineann le 'thin'. Tá trí phríomh-mhíniúchán a bhaineann le daoine, le réada agus le hábhair. Maidir le daoine tig leo bheith 'slim', 'trim' atá meallacach, nó tig leo bheith 'skinny', 'scrawny' atá míofar. Caithfidh an t-aistritheoir bheith rannpháirteach san iarracht na bearnaí sin a líonadh sa Ghaeilge. Ní thugann an gnáthfhoclóir le tuiscint don aistritheoir an rud nach féidir; ní léiríonn sé ach an rud atá indéanta.

3.15 - Foclóir pearsanta

Ar an drochuair tá an t-aistritheoir go Gaeilge ar an ngannchuid maidir le foclóirí de. Na cinn atá ann a ceapadh agus a cumadh na blianta fada ó shin níl siad chomh húsáideach sin níos mó. Ní thugann siad sainmhíniúcháin de ghnáth agus ní thugann siad samplaí ná comhthéacs go minic. Ní idirdhealaíonn siad idir na comhchiallaigh. An ionann *achasán* agus *aifirt* agus *aithis* agus *easmailt* agus *iomard* agus *toibhéim*? Ní thugann an foclóir aon eolas faoi. Níl ann ach tagairt ghinearálta don chomhchiallach coibhéiseach sa Bhéarla.

Is ionann an easpa eolais sin agus neamheolas. Ní ceadmhach ach an téarma is coitianta a úsáid. Tá iallach mar sin ar an aistritheoir a fhoclóir féin agus na naisc choincheapúla idir na focail a chruthú agus gan eolas a chur ar fhocal riamh gan é a bheith i gcomhthéacs. Dá fheabhas an fhoinse is amhlaidh is fearr. Tá *FGB* an-luachmhar ar a bhealach féin ach mar áis don aistritheoir níl sé thar moladh beirte. B'fhiú don aistritheoir an eiseamláir atá tugtha ag Breandán Ó Doibhlin (1998) a leanúint agus a thaisce focal a thiomsú mar thoradh ar a chuid oibre mar aistritheoir agus ar a chuid léitheoireachta pearsanta.

Cuid 1

Caithfidh an t-aistritheoir mar sin a stórfhocal pearsanta a bhailiú ina bhfuil gach eolas mar gheall ar chiall, minicíocht, comhthéacs, éagsúlacht, caidreamh an fhocail le focail eile, an caidreamh siontagmatach, cad iad na focail atá bainteach leo de ghnáth agus cá huair is ceart iad a úsáid. Ní mór bheith ag faire amach don éifeacht a ghabhann le focal de réir an chomhthéacs. Is léir nach ionann an coincheap taobh thiar den fhocal *leabhar* sna samplaí seo a leanas: *léigh mé an leabhar, scríobh mé an leabhar, cheangail mé an leabhar, ghoid mé an leabhar*. Tá an feiniméan céanna le feiceáil sa chomhréir mar is léir sna samplaí seo a leanas den bhriathar *scairt: chuala sé a ainm á scairteadh; chuala sé a mháthair á scairteadh; chuala sé a mháthair ag scairteadh; chuala sé a mháthair ag scairteadh ar chuidiú; chuala sé a mháthair ag scairteadh ar Cholm; chuala sé a mháthair ag scairteadh lena céile; chuala sé a mháthair agus a athair ag scairteadh le(na)chéile; chuala sé a mháthair ag scairteadh ar an gcoileach; chuala sé an coileach ag scairteadh; chonaic sé an solas ag scairteadh sa dorchadas.* Tá an 'fuzziness' le haimsiú i ngach cuid d'iarracht an duine é féin a chur in iúl.

4 - Gnéithe gramadúla

Níl sé ar intinn agam tagairt don ghramadach ach a mhéad a chuireann mionphointí áirithe isteach ar obair an aistritheora. Na gnéithe atá á bplé agam níl aon phlé déanta orthu go bhfios dom in aon ghraiméar Gaeilge. Na tograí atá á ndéanamh agam leanann siad ó mo thaithí phearsanta féin agus sin a bhfuil d'údarás acu. Mar sin féin ceapaim go bhfuil sé tábhachtach don ábhar aistritheora aghaidh a thabhairt ar an nglac beag seo de mhionphointí gramadaí toisc go háirithe go bhfuil ríthábhacht leo i dtaca le ciall de agus nach fiú faic an t-aistriúchán nach bhfuil an chiall á lonrú. Tá súil agam go dtabharfaidh na gluaiseanna fánacha seo léargas éigin don aistritheoir chun na dúshláin ghramadúla is deacra a shárú. Tugann Antain Mac Lochlainn faoi chuid de na pointí is deacra maidir le gramadach agus comhréir go háirithe i gCaibidil 6 dá shaothar ***Cuir Gaeilge Air*** (2000).

Tá na heasnaimh sa ghramadach tugtha faoi deara ag Dónall P. Ó Baoill (1996) in alt inspéise dar teideal "Gramadach na Gaeilge agus na Bráithre Críostaí":

Fiú má thig muid chomh fada le rud chomh bunúsach le húsáid aidiachtaí sealbhacha le hainmfhocail agus le cúrsaí úinéireachta i gcoitinne, cá bhfuil na cuntais chuimsitheacha chruinne le fáil a inseos cad chuige nach ndeirtear **mo thae,** ***mo airgead** *agus a leithéid. Cé a mhíneos duit go bhfuil* **'bhris Seán an lámh seo aige (s'aige')** *débhríoch ach nach bhfuil* **'bhris Seán an lámh aige'**? *Cén gaol atá idir abairtí den chineál sin a luaigh muid anois beag agus* **'thosaigh an ceol aige'**, **'cuirfidh sin deireadh leis an mhagadh aige'** *agus mar sin de? Cé mhéad duine amuigh ansin a thuigeann go bhfuil difear céille*

Cuid 1

idir *'cara mná Pheadair'* agus *'cara bhean Pheadair'* agus go bhfuil dhá bhrí le frása mar *'carr Shéamais Mháire'*? Mura dtuigeann tú na difríochtaí atá mé a mhaíomh cá háit a dtiocfaidh tú ar an eolas? Cad chuige a ndéarfadh saineolaí go bhfuil **bean Spáinneach* míchruinn agus *'Spáinneach mná'* nó *'bean de chuid na Spáinne'* nó *'bean as an Spáinn'* cruinn cóir? Cén sórt rudaí iad *'na longa Rúiseacha'* nó *'na trúpaí Éireannacha'* a gcluintear trácht orthu ar an Nuacht ó am go chéile? An cumadóireacht iad as míléamh a dhéanamh ar fhrásaí Béarla nó a leithéid eile? Dá mbeadh gramadach chuimsitheach den teanga againn gheobhaimis an t-eolas dúinn féin ach a ghabháil a chuartú.

Is féidir na deacrachtaí a shamhlú má amharcaimid ar roinnt samplaí. Má tá sa Bhéarla 'the whole class can hear you' tá *tá tú le cloisteáil ag an rang ar fad* sásúil mar leagan, ach má tá 'the whole street can hear you' níl *tá tú le cloisteáil ag an tsráid ar fad* sásúil mar leagan. Bheadh ort *tá gach duine sa tsráid in ann tú a chloisteáil* nó *tá tú le cloisteáil sa tsráid ar fad* a rá. Mar sin féin d'fhéadfaí *tá na sluaite ar fad á mbá ag an tsráid* a rá, agus ciall mheafarach ag an abairt. Ní mór na cúiseanna atá leis na difríochtaí sin a mhíniú. Níl mé chun na fadhbanna sin a phlé ach ní mór feasacht an aistritheora a mhúscailt ina leith. Glactar leis go bhfuil mioneolas ar na bunrialacha faoi mar atá siad de dhíth ar an aistritheoir ach caithfidh sé bheith eolach ar na rialacha a ndéantar neamhspéis díobh sa ghramadach toisc nár tugadh aghaidh orthu riamh, toisc nár ceapadh riamh go raibh a leithéid de dheacracht iontu, toisc gur glacadh ina áirithe gur leor an tuiscint ar na rialacha sin chun dea-Ghaeilge a scríobh. Tá an-tábhacht ag roinnt leo toisc gur iontu atá fíor-chaolchúis na teanga le fáil agus gur tríothu a chuireann an t-aistritheoir friotal ar fhíordhúchas na teanga.

Aistrigh Leat

Sin an fáth gur cuireadh chun machnaimh atá sa leabhar seo. Ní fhéadfaí a rá go bhfuil treoracha nó dea-chomhairle nó eagna le dáileadh ann, ach is cuireadh é teacht ar tóraíocht. Is cuireadh é chuig gach ábhar aistritheora páirt a ghlacadh sa tóraíocht, bheith ag smúrthacht roimhe. B'fhéidir go n-éireoidh linn teanga a aimsiú atá soiléir, neamh-dhébhríoch, ciallmhar, sothuigthe, so-aistrithe. Is eol dúinn nach bhfuil a leithéid ann faoi láthair. B'fhéidir go n-éireoidh linn ar a laghad an teanga atá dothuigthe doiléir a shainaithint agus na tréithe a dhéanann doiléir dothuigthe mar theanga í a sheachaint.

Féachaimis le súil a chaitheamh ar chuid de na gnéithe ginearálta sin a d'fhéadfadh a chuid oibre a dhéanamh níos fusa don aistritheoir mura bhfuil i gceist dáiríre ach buncheist nó dhó a chur. Tá tagairt déanta cheana do chuid de na fadhbanna seo maidir le foclóir agus téarmaíocht ach is ag tagairt do na himpleachtaí gramadúla atá mé anois. Ní mór bheith meabhrach sa timpeallacht ina bhfuil an t-aistriúchán le déanamh agus á dhéanamh. Sin an fáth nach féidir mórán a fhoghlaim ón taithí i dteangacha eile.

Níl sé i gceist agam mar sin tabhairt faoi ghramadach na teanga a athbhreithiú as an nua ach ní mór aird a tharraingt ar ghnéithe áirithe atá ina n-ábhar imní don aistiritheoir agus ina n-ábhar doiléire don léitheoir. Luaim na gnéithe seo sa tsúil go dtig leis an aistritheoir cuid den éiginnteacht a bhaineann leo a scaipeadh ach bheith san airdeall.

Cuid 1

4.1 - Cad is gramadúil ann?

Is fiú míniúchán gearr a thabhairt seachas an ghnáthchiall sa Ghaeilge faoi cad is 'gramadúil' agus cad is 'abairt ghramadúil' ann sa chur chuige seo agam do cad is gramadach ann. Níl i gceist go bunúsach ach an abairt atá dea-chumtha a aithint trína hidirdhealú ón abairt nach bhfuil dea-chumtha. Amharcfaimid de réir a chéile ar ball ar na sainairíonna atá riachtanach chun an dea-chumthacht a bhaint amach: an t-ainmfhocal, comharthaí sóirt an bhriathair, an t-idirdhealú idir an aimsir láithreach agus an aimsir ghnáthláithreach, an t-idirdhealú idir an saorbhriathar agus an aidiacht bhriathartha, na haimsirí i gcoitinne, go háirithe an ceangal idir an aimsir agus an gníomh agus an aimsir fháistineach ach go háirithe, an gaol sa Ghaeilge idir an t-ainmfhocal agus an aidiacht, an mearbhall a leanann ón nginideach den ainm briathartha a úsáid mar aidiacht agus ró-úsáid an ghinidigh i gcoitinne, ord na habairte i gcoitinne agus ord na n-aidiachtaí ach go háirithe, an abairt féin agus an gaol atá idir codanna difriúla den abairt. Thar aon ní tá gach gné den obair ceaptha chun an forlámhas a thabhairt don chiall. Ní mór a aithint nach féidir dea-ghramadach a bheith ann gan chiall.

Má ghlacaimid sampla beag amháin: tá *chonaic Seán an liathróid inné* dea-chumtha ach níl *chonaic an liathróid Seán amárach* dea-chumtha. Is léir mar sin féin nach bhfuil aon riail ghramadúil sáraithe sa dara habairt. Má tá aon rud sáraithe is é an chiall atá fréamhaithe sa réaltacht shíceolaíoch agus atá ag brath ar an ngéilleadh don réaltacht sin. Is léir dúinn gné eile den fhadhb sna habairtí Béarla seo 'man needed to wash dishes and two waitresses'; 'occasional chair by lady with carved clawed feet'; 'large mixing bowl wanted for woman with hard bottom

Aistrigh Leat

and good for beating' toisc go dtéitear sa Bhéarla i muinín na céille. San abairt *tugadh ciall don eagraíocht a bhí níos láidre ná na daoine a chomhdhéan é* cé leis a bhfuil *láidre* ceangailte, *ciall* nó *eagraíocht*, agus cad é mar is féidir an ceangal a chinntiú? An leor *tugadh ciall níos láidre don eagraíocht ná do na daoine a chomhdhéan é.* Tiocfaimid ar ais chuig an gceist seo ar ball.

Is baolach gur cuireadh an oiread sin béime sa Ghaeilge ar fhiúntas na gramadaí mar luach ann féin go bhfuil radharc caillte againn mar Ghaeilgeoirí ar an gciall agus ar thábhacht na céille. Is é is aidhm don aistritheoir an ghramadach agus an chiall a tharraingt i dtreo a chéile, a chur in oiriúint dá chéile. Má cuireadh an bhéim ar luach na gramadaí go dtí seo ní mór don aistritheoir an bhéim a chur ar an gciall agus chuige sin ní mór ár dtuiscint do cad is ciall ann a shoiléiriú.

Ní mór don aistritheoir bheith cruthaitheach, samhlaíoch, ionnúsach mar is gníomh cruthaitheach é gach gníomh uiríll nó scríbhneoireachta. Is uirlis chumarsáide í an teanga ach ní thagann an chumarsáid ón teanga féin. Chun tuairim a chur in iúl ní mór na hacmhainní atá sa teanga a úsáid go tuisceanach ionas go bhfuil an léitheoir in ann an teachtaireacht chéanna a thuiscint agus atá tugtha le tuiscint ag an scríbhneoir. Ní ceadmhach leithcheal a dhéanamh ar an gcomhthéacs. Caithfidh an teanga bheith in oiriúint don chor agus don chomhthéacs. Caithfidh an t-aistritheoir mar sin riachtanais an léitheora a chur san áireamh. Níl cead aige bheith ina nuálaí amach is amach. Tá teorainn lena shaoirse friotail. Ach má thuigtear an nuálaíocht agus má dhéantar aithris air is comhartha é go raibh tuiscint ag an léitheoir air agus gur thaitin sé leis.

Cuid 1

An té atá ag aistriú ó Bhéarla go Gaeilge (nó a mhalairt leoga) ní mór dó an struchtúr ar leith atá ag gach teanga a scagadh go mion. Nuair atá léargas glinn aige ar an mbundifear idir na teangacha tuigtear dó nach macasamhla dá chéile iad. Ní féidir an abairt sa Bhéarla a aistriú focal ar fhocal go Gaeilge nó beidh an toradh ina ábhar magaidh. Níl aon bhunathrú sna próisis machnaimh ag an aistritheoir is cuma cad é an teanga atá i gceist. Is é an duine céanna fós é, an mhodheolaíocht chéanna machnaimh á cleachtadh aige, an tuiscint chéanna aige do chultúr an domhain: níl de dhifear feasta ach an foclóir agus na téarmaí tagartha agus an tsaíocht is sainiúil don dá theanga.

4.2 - Castacht sa chatagóir

Sa Bhéarla níl smacht fós ag an duine ocht mbliana d'aois ar an gciall taobh thiar de *buy, spend, sell.* An chiall taobh thiar den choincheap atá i gceist, ní na himpleachtaí gramadúla. Ansin tá na focail a chuireann dhá choincheap in iúl san am céanna, an ghluaisne agus modh na gluaisne, 'kick', 'float', 'drive'. Tá an nóisean seo le feiceáil go soiléir sa deacracht atá sna teangacha Rómánsacha abairt mar 'he ran down the hill' a aistriú toisc nach mór dóibh 'he went down the hill, while running' a rá. An bhfuil an fhadhb chéanna sa Ghaeilge? Is cinnte go bhfuil na catagóirí sa Ghaeilge mar atá siad sa Bhéarla. Sa sampla *tá an éascaíocht ann* = 'he is quick', tá an coincheap inmheánach sa Ghaeilge, beagnach meitifisiciúil, ach tá sé lom, ábhartha, fisiceach sa Bhéarla.

Toisc gur foghlaimeoir é an t-aistritheoir tá dualgas air tabhairt faoin teanga a chíoradh go mion chun na comharthaí sóirt sainiúla a shainaithint. Taispeánann an taighde is déanaí go gcuireann sé crua ar an bhfoghlaimeoir eolas beacht a fháil ar na catagóirí teanga a úsáideann an cainteoir ó dhúchas, agus gur dócha nach gcuireann sé láneolas orthu riamh. Ní ag tagairt don aithris atá mé, éifeacht an mhacalla, más fearr leat, ach do chroílár na teanga.

Má tá luí ag formhór na dteangacha san Eoraip le ceithre phríomhchatagóir, ainmfhocal, briathar, aidiacht, dobhriathar, ní fhreagraíonn siad dá chéile ó theanga go teanga. Is fearr leis an nGaeilge an t-ainmfhocal *i muinín an fhornirt* mar a bhfuil briathar sa Bhéarla, 'to resort to violence' nó *tá fuadar fúm é a dhéanamh* – 'I intend'. Tá feicthe againn thuas gur fearr leis an nGaeilge an t-ainmfhocal mar a bhfuil aidiacht sa Bhéarla *níl aon éileamh aige ar é a dhéanamh* ='not inclined'. Pléifear ról an ainmfhocail thíos.

4.3 - Comharthaí sóirt an bhriathair

Tugann an nós seo le fios go bhfuil an Ghaeilge faoi dhraíocht ag an ainmfhocal, fiú ag an ainm briathartha atá ag feidhmiú mar ainmfhocal, agus go bhfuil sí doicheallach roimh an mbriathar 'casta' atá rialta, agus más gá briathar a úsáid gur fearr an briathar simplí, fiú má tá sé neamhrialta, mar aon leis an ainmfhocal/ainm briathartha. Míníonn sé freisin cén fáth go bhfuil lear mór de bhriathra na Gaeilge ag dul in éag. Níl sa phlé gairid seo ar an mbriathar ach iarracht an-fhánach ach tabharfar faoi deara taobh thiar de gach fadhb go bhfuil ciall don am i gceist ar dhóigh amháin nó ar dhóigh eile.

Cuirtear eolas ar na briathra neamhrialta go luath. Is amhlaidh i ngach teanga. Más rud é nach gcuirtear le líon na mbriathra ní hiontas ar bith é go bhfuil an múnla sin ag dul i dtreis. Thiocfadh leis an aistritheoir an treosuíomh seo a chasadh siar ach an t-eolas séimeantach atá aige a mhéadú. Agus raon iomlán an bhriathair ag dul in éag, is dócha gur íomhá é ar an meath atá ag teacht ar an teanga i gcoitinne. Tá an briathar do-bhraite, luascach. I dtaca leis an mbriathar de is deacra go minic an téarma coibhéiseach foirfe a fháil ó theanga go teanga.

Míníonn prionsabal an fhochatagóiriúcháin go bhfuil a chomharthaí sóirt féin ag gach briathar agus go bhfuil an-tábhacht le dhá rud: ar an gcéad síos tá na rialacha siontachtacha a ghabhann leis. Tá idirdhealú sa Bhéarla idir briathra aistreacha agus briathra neamhaistreacha ach ní hionann an t-idirdhealú sa Ghaeilge. Sa dara háit tá an t-uafás briathra sa Ghaeilge atá *dé-aistreach* ('ditransitive'), is é sin le rá go bhfuil siad aistreach agus neamhaistreach ar aon uain. Amharc ar na cinn seo: *cuidigh le Seán an liathróid a fháil, dúirt sé liom an doras a dhúnadh* mar a bhfuil dhá chuspóir ann.

4.4 - An aimsir ghnáthláithreach: *bí* nó *tá?*

Is cosúil go bhfuil an t-idirdhealú idir an aimsir láithreach agus an aimsir ghnáthláithreach ag dul i léig sa ghnáthchaint. Bíodh sin mar atá ach is deacair glacadh le cuid de na samplaí. Má deirtear *bíonn leanbh ag bean chéile feirmeora le fear eile* is ionann é agus 'when have you been born' sa Bhéarla. Falsacht intleachtúil is cúis leis.

Ach sa téacs foirmiúil is fiú féachaint leis an idirdhealú a dhaingniú mar is féidir impleachtaí dlí a bheith mar thoradh ar an bhfoirm chontráilte a úsáid. Is fiú an difear idir an dá fhoirm a bhunú. Cad é an difear idir an dá abairt seo a leanas: *nuair a bhíonn ábhar le haistriú ó theanga amháin go teanga eile is é an chiall a bhíonn le haistriú agus ní hiad na focail. Ar ndóigh, is sna focail a bhíonn an chiall ach ní hamhlaidh a bhíonn i gcónaí in aon chor* agus *nuair atá ábhar le haistriú ó theanga amháin go teanga eile is é an chiall atá le haistriú agus ní hiad na focail. Ar ndóigh, is sna focail atá an chiall ach ní hamhlaidh atá i gcónaí in aon chor.* Nó an bhfuil aon difear eatarthu?

Tá bunriail measartha neamhchasta ann chun an t-idirdhealú a shoiléiriú. Tógaimis sampla bunúsach. Tá difear idir *tá Niall ag an doras* agus *bíonn Niall ag an doras* ach cá bhfuil an difear? Tá cuma neamhiomlán ar an dara habairt. D'fhéadfaí *tá Niall ag an doras* a rá ach ní leor *bíonn Niall ag an doras* gan aguisín dobhriathartha mar: *bíonn Niall ag an doras de ghnáth/gach lá ar a trí/i gcónaí,* dobhriathar a chuireann an tráthrialtacht in iúl.

Is fusa an t-idirdhealú a aimsiú san abairt neamhphearsanta: *tá an féar tirim anois/inniu* ach má deirtear *bíonn an féar tirim* tá an abairt neamhiomlán. Tá comhlánú nó breisiúchán nó míniúchán éigin ag teastáil: *bíonn an féar tirim nuair atá an aimsir te/i lár an tsamhraidh.* Is fuinneog ar an radharc atá curtha in iúl le *bíonn* ach an radharc ina iomlán le *tá*. Mar sin d'fhéadfaí *bíonn Niall ag an doras nuair a thagaim abhaile/ag an am seo Dé Céadaoin/gach lá óna ceathair go dtí a cúig* a rá. Is cur síos sealadach a bhaineann leis an aimsir ghnáthláithreach agus cuntas níos buaine a bhaineann leis an aimsir láithreach. Tá an chodarsna intuigthe freisin. Más rud é *go mbíonn Seán ag an doras ag a trí* tá sé le tuiscint *nach mbíonn sé ansin ag a ceathair.*

Cuid 1

Is fusa an scéal a shamhlú má chloímid le nithe neamhphearsanta. Tá sé soiléir gur cheart *tá crann ar bharr an chnoic* a rá. Tá an crann daingean fréamhaithe, níl sé chun imeacht ná dul as radharc. Ní fhéadfaí *bíonn an crann ar bharr an chnoic* a rá. Dá ndéarfaí *tá coiníní ag súgradh ag bun an chrainn* bheadh sé le tuiscint go bhfuil siad ansin anois féin nó go bhfuil siad chomh buan leis an gcrann féin. Má deirtear *bíonn coiníní ag súgradh ag bun an chnoic* bheadh comhlánú de dhíth chun an t-achar ama atá i gceist a theorannú: *bíonn na coiníní ag súgradh ag bun an chrainn nuair atá clapsholas ann/le luí na gréine/ó am go chéile/go minic* nó fiú amháin le habairtín cúise ar nós *nuair atá an cat ina chodladh.*

Sin an fáth nach oiriúnach an aimsir ghnáthláithreach a úsáid ag tagairt do chúirt, don eaglais, don rialtas, do bhreitheamh, d'easpag, d'aire, is é sin comhlachtaí a bhfuil údarás acu. Níor cheart *bíonn cumhacht ag cúirt* a rá ach *tá cumhacht ag cúirt.* Ní déarfaí *bíonn* maidir le cúirt ach amháin *bíonn an chúirt druidte gach Domhnach idir a trí agus a hocht.* Má deirtear *bíonn na cumhachtaí riachtanacha acu sin* tá sé le tuiscint gur cumhachtaí iad nach bhfuil buan, nach bhfuil acu de ghnáth. Na cumhachtaí atá ag cúirt, dá íochtaraí féin í, tá siad aici ó dhlí. Na cumhachtaí nach bhfuil aici ní **bhíonn** siad aici riamh. Níor cheart mar sin **bíonn** *ról lárnach ag Oifig an Stiúrthóra um Fhorfheidhmiú Corparáideach* a rá. Níor cheart ach oiread *má bhíonn líon mór samplaí á n-anailísiú ag an am céanna* óir is ionann *ag an am céanna* agus pointe san am agus *má tá* ba chóir a bheith ann.

Is dóigh liom go bhfuil an aimsir ghnáthláithreach as alt sna samplaí seo a leanas:

- *íocfar cothabháil do chúrsa fochéime lánaimseartha **a bhíonn** dhá bhliain ar fhad ar a laghad*
- *tuairimí a fháil ó bhaill an phobail, ó eagraíochtaí **a bhíonn** ag obair i réimse an dlí sibhialta*
- *má **bhíonn** tú ag tosú i bpost múinteoireachta sa bhliain scoile atá romhainn;*
- *má **bhíonn** tuilleadh eolais uait, féach le do thoil*

ach tá sé oiriúnach sna samplaí eile seo:

- *forbairt ... ar uirlisí le substaintí a **bhíonn** san ithir, i bplandaí ... a aimsiú*
- *(daoine) a **bhíonn** ag gníomhú in loco parentis, cé nach bhfuil sé oiriúnach i gcuid eile den abairt chéanna: **sa chás go mbíonn** an bheirt tuismitheoirí fostaithe ag an bhfostóir céanna, ach amháin más rud é gur obair pháirtaimseartha atá ar siúl acu*

nó:

- *cé gur táirgí críochnaithe **a bhíonn** sna táirgí sin de ghnáth.*

4.5 - Saorbhriathar nó aidiacht bhriathartha

Níl an dara gné chomh simplí céanna agus ní mór don aistritheoir aire a thabhairt don idirdhealú tábhachtach atá le déanamh freisin idir abairtí i ndoiciméid fhoirmiúla nach bhfuil ag tagairt d'aon réaltacht lasmuigh den saothar féin. Smaoinigh mar

Cuid 1

shampla ar abairt mar 'the powers conferred by this provision': an bhfuil aon difear idir *na cumhachtaí atá tugtha* agus *na cumhachtaí a thugtar.* Ní mór comparáid a dhéanamh le habairtí den chineál céanna.

Cad é an difear idir an t-eolas *a thugtar duit* sa rang agus an t-eolas *atá tugtha duit* sa rang? Má chuirtear leis sa chúrsa atá ar siúl acu déarfaí *tugtar fíricí áirithe dóibh*. Cén fáth nach ndéarfaí sa chás sin sa chúrsa atá ar siúl acu *tá fíricí áirithe tugtha dóibh*? Cad é an míniúchán?

Breathnaigh ar shamplaí bunúsacha mar *an liathróid atá tugtha duit* agus *an liathróid a thugtar duit.* Sa chéad chás tá an liathróid i do sheilbh cheana, sa dara cás tá an liathróid le tabhairt fós nó tá an liathróid le tabhairt ar bhonn tráthrialta. Cé acu is cruinne mar sin *na samplaí atá tugtha in FGB* nó *na samplaí a thugtar in FGB* nó an ionann iad? Tá an prionsabal céanna fíor agus atá maidir leis an aimsir ghnáthláithreach. Is deacair teacht ar an gcur chuige is fearr gan raidhse samplaí a thabhairt agus iad a chíoradh go mion.

Más riocht buan leanúnach é is fearr an saorbhriathar a úsáid ach más cás amháin atá i gceist is fearr an fhoirm aidiachtach. Má deirtear *an riail atá leagtha amach in Airteagal 21*, tá sé leagtha amach uair amháin. Tá rialtacht nó minicíocht ag baint leis an saorbhriathar. Feic an difear sna samplaí seo idir *an fháilte a chuirtear romhat nuair a théann tú isteach an doras* agus *an fháilte atá curtha romhat* nó *idir an liathróid a thugtar do gach leanbh nuair atá sé bliana d'aois aige* agus *tá an liathróid tugtha do gach duine anois.*

Aistrigh Leat

Sna samplaí seo a leanas is léir gur cheart *an praghas atá luaite i gcolún (2)* a rá seachas *an praghas a luaitear* agus *aon limistéar atá tuairiscithe sa Dara Sceideal* seachas *aon limistéar **a** thuairiscítear sa Dara Sceideal.* D'fhéadfaí ***a** thugtar* isteach dá bharr a shamhlú ach ba cheart ***atá** tuairiscithe* mar tá an gníomh siocta san am. Feic an difear idir *aon fhocal atá scríofa ar phár* (níl aon amhras ná go bhfuil focal éigin ann cheana - ag tagairt do ghníomh atá déanta atá sé) agus *aon fhocal a scríobhtar ar phár* (d'fhéadfaí 'amach anseo', 'amárach', 'tráthnóna inniu' a chur leis - is é sin le rá nach gá go bhfuil aon fhocal ann cheana); d'fhéadfaí idirdhealú níos cruinne fós a dhéanamh - tá múinteoir ina sheasamh láimh leis an gclár dubh; agus é ag scríobh leis deir sé *ní mór gach focal a scríobhtar anseo a fhoghlaim* agus é ag tagairt do na focail atá scríofa cheana agus na focail nach bhfuil scríofa fós ach atá á scríobh aige faoi láthair, ach is gníomh ama amháin atá i gceist; is 'láithreach stairiúil' atá ann. Thiocfadh leis a fhógairt ag tús na bliana, na seachtaine, an ranga *ní mór gach focal a scríobhtar anseo a fhoghlaim* - tá an gníomh tosaithe ach ní gá go bhfuil deireadh leis go luath; ach déarfadh sé agus é ag tagairt don téacsleabhar *ní mór gach focal atá scríofa anseo a fhoghlaim* toisc go bhfuil an gníomh thart, tá deireadh leis an scríbhneoireacht.

Is furasta an t-idirdhealú a dhéanamh más é an todhchaí atá i gceist. Is léir go bhfuil difear idir *sin leabhar nach léifear go deo* agus *sin leabhar nach mbeidh léite agat go deo* agus idir *is beag rian a bheidh fágtha den eachtra sin* agus *is beag rian a fhágfar den eachtra sin.* Níl an t-idirdhealú chomh follasach sin i gcónaí go háirithe nuair atá mearbhall ann mar gheall ar an aimsir. San abairt *a bheidh sonraithe san ordú* (as may be specified in such order), tá dhá cheist le fuascailt.

Cuid 1

An bhfuil difear idir *a bheidh sonraithe* agus *a shonrófar,* nó ar chirte an rogha a dhéanamh idir *a shonraítear* agus *atá sonraithe*?

Is cosúil go mbraitheann an réiteach go minic ar an mbriathar féin. Cé nach bhfuil sé soiléir ar an gcéad amharc arbh fhearr *ní thugtar an focal sin in FGB* nó *níl an focal sin tugtha in FGB* tá sé soiléir go bhfuil difear idir *imrítear an cluiche in aon bhabhta amháin* agus *tá an cluiche imeartha in aon bhabhta amháin.* B'fhéidir féin nach ceadmhach *tá an cluiche imeartha in aon bhabhta amháin* a rá óir tugann an leagan sin le fios go bhfuil an cluiche thart. Smaoinigh ar bhriathra eile amhail *léigh, can, mol.* Feic na samplaí seo a leanas *léitear as an mBíobla le linn an aifrinn* mar a ndéanann an abairtín ainmfhoclach an comhlánú is gá agus gníomh tráthrialta a dhéanamh as, ach ní féidir *tá an Bíobla léite le linn an aifrinn.*

Mar an gcéanna le *mol: moltar an cailín sin gach lá* agus *tá sí molta dá mbeinn i mo thost,* agus le *can: cantar an t-amhrán sin go dona* agus *tá an t-amhrán sin canta go dona.* Sa chéad leagan tá abairtín ama intuigthe, *i gcónaí, go minic, riamh* ach sa dara sampla tá an t-amhrán thart. I dtaca le briathar mar *fág* braitheann an t-idirdhealú ar an gcomhthéacs. Is léir an difear idir *fágtar an díospóireacht faoin ngluaiseacht phoblachtach féin* agus *tá an díospóireacht fágtha faoin ngluaiseacht phoblachtach féin.* Is ráiteas a bhfuil buanfhírinne ann atá sa chéad cheann toisc go bhfeictear do chách nach mbaineann an díospóireacht sin ach leis an ngluaiseacht phoblachtach amháin. Níl sa dara ráiteas ach tráchtaireacht ar staid atá ann faoi láthair. Ní gá gurb amhlaidh atá de shíor.

Tá próiseas ann nuair a úsáidtear an saorbhriathar mar atá sa sampla seo: *i gcás trealaimh agus ábhair (**ar a dtugtar** earraí caipitil)* ach tá deireadh leis an bpróiseas sa sampla *sna hearnálacha atá luaite thuas* mar is léir ón leagan malartach *thuasluaite*. Ní furasta an t-idirdhealú seo a fheiceáil i ngach cás ach toisc gur idirdhealú bunúsach é ó cheart is fiú gach dícheall a dhéanamh a bheith cáiréiseach leis.

4.6 - Na haimsirí

Faoi mar atá neamhshuim á cur sa difear idir *tá* agus *bíonn* tá an cur chuige maidir le húsáid na n-aimsirí ag athrú mar is léir ón sampla seo atá tipiciúil go leor: *tá an corn beagnach réidh le bheith bronnta*. Níl a leithéid nua-aoiseach ná nuacheaptha ach oiread óir tá *d'fhág sé na Gardaí i ndiaidh an leabhair seo a bheith foilsithe chun luí isteach ar an scríbhneoireacht* ag Pádraig Ua Maoileoin in *Ár leithéidí arís (*1978:56).

B'fhéidir gur i dtaca leis an abairt an-choitianta i bhfógráin, 'closing date for the receipt of applications' atá an fhadhb seo le feiceáil. Tá raidhse leaganacha ann: *is é an dáta deiridh d'iarratais a bheith faighte... ; is é an dáta deireanach a nglacfar le ... ; is é an dáta deireanach le hiarratais a fháil; is é an spriocdháta chun iarratais a chur isteach; is é ... an dáta scoir do na hiarratais bheith san Oifig; ní mór foirmeacha a bheith curtha i láthair faoi ...; ní mór na foirmeacha iarratais comhlánaithe a chasadh, tríd an bpost, ar ... ; is é 5 i.n. ar an Aoine an spriocdháta le haghaidh iarratais ...* gan ach iad sin a lua.

Cuid 1

Fad atá siad sothuigthe is cuma. Ach tá mearbhall laistiar den éagsúlacht. Feic an sampla seo: *léirbhreithneoidh an tUachtarán agus aíonna eile* **a mbeidh cuireadh tugtha** *dóibh an Pharáid de réir* **mar a théann** *sí thar Ard-Oifig an Phoist.* An é go mbeidh an pharáid thart nuair a thagann an cuireadh do na haíonna? Nuair a tharlaíonn an pharáid beidh na ticéid ag na haíonna le fada. I gcomhthéacs na paráide tá cuireadh faighte acu. Is doiligh a thuiscint cad chuige an aimsir fháistineach maidir leis an gcuireadh agus an aimsir láithreach maidir leis an bparáid. Is fearr cloí leis an láithreach mar atá san abairt *comhordaíonn an t-aonad beartas agus cinntíonn sé go* **dtógtar** *cearta an duine san áireamh go hiomlán* nuair atá stádas buan i gceist.

Tá an mearbhall céanna le brath i dtaca le fógráin a bhaineann leis an earcaíocht. Feic mar shampla an abairt seo: **bheadh** *taithí oibre* **roimhe seo** *le heagraíochtaí* **a bhíonn** *ag obair i réimse Chearta an Duine* **inmhianaithe.** Cad chuige an coinníollach? Tá sé neamhiomlán: bheadh sé riachtanach dá mbeadh an t-iarrthóir róghearr. *Sa chás* **go bhfaighfear** *líon mór iarratas cuirfear iarrthóirí ar ghearrliosta le haghaidh agallaimh* **bunaithe** *ar an bhfaisnéis* **a chuirfidh** *siad ar fáil.* 'Information supplied' atá sa Bhéarla. Ní gá aon aimsir a roghnú sa chás seo mar sin is leor *faisnéis arna cur ar fáil acu.*

Sin an fhadhb atá le sárú nuair atá an t-ainmfhocal briathartha gan aimsir sa Bhéarla in abairt mar: 'the advice given by the judge'. Tá réiteach simplí go leor ar ghné amháin den cheist faoi mar atá san abairt *arna fhoilsiú ag an rialtas.* Níl aon aimsir i gceist óir is staid bhuan atá clúdaithe, saothar ar bith a d'fhoilsigh an rialtas riamh nó a fhoilsíonn sé inniu nó a fhoilseoidh sé amárach. Is amhlaidh sa sampla seo: *féadfaidh sé cíos a mhuirearú de réir an spáis* **a bheidh áitithe** *nó* *coimeádta d'earraí áirithe* (it may charge rent according to the space occupied or held available for particular goods). Ciallaíonn sé sin nach féidir leis an nGaeilge aon am eile ina dhiaidh sin arís a shamhlú toisc an aimsir fháistineach a bheith gafa leis an aimsir láithreach. B'fhusa sa chás sin *(atá) arna áitiú* a rá.

Tá gach cineál le feiceáil. Le hais:

- *is seirbhís láir dlí an Stáit í an Oifig, ina **gcuirtear** comhairle agus dréachtreachtaíocht ar fáil agus **ina ndéantar** maoirsiú ar sheoladh dlíthíochta **a mbíonn** baint ag an Stát léi*

agus:

- *cibé ceisteanna beartais, de rogha an choiste, a bhaineann le **comhlachtaí a mhaoiníonn an Stát go hiomlán nó i bpáirt nó a bhunaíonn nó a cheapann** Comhaltaí an Rialtais*

agus:

- *nuair a **thugtar** chun críche é, beidh prionsabail agus rialacha ann **a bhaineann** le gach cumarsáid tráchtála **a chraoltar***

agus:

- *tacóidh an Leas-Stiúrthóir le bainistíocht straitéiseach a dhéanamh ar na **fiosrúcháin** ar fad **a dhéanfar** ar ghearáin faoi bhaill an Gharda Síochána*

agus:

Cuid 1

- *is i Leabharlann na mBreithiúna ... a bheidh na poist lonnaithe* cé gur 'the posts **are** based in the Judges Library' atá sa Bhéarla.

Cad is ciall leis an meascán mearaí seo? Maidir leis na haimsirí i gcoitinne is nóisin den am atá i gceist. Tá ciall dá chuid féin ag gach pobal do ghluaiseacht an ama agus an aimsir fháistineach. Má chuirtear ceist ar an dalta: *liostaigh an trealamh agus na hábhair a bheidh uait* is cinnte nach é an aimsir fháistineach an aimsir cheart. Má deirtear *liostaigh an trealamh agus na hábhair a bhí uaidh inné* is léir gur riachtanas buan atá ann agus ní riachtanas a bheidh ann amach anseo. Sa sampla seo a leanas: *deimhniú ... a eisíodh tar éis tosach (sic) feidhme na tréimhse cóireála is deireanaí roimhe sin*, nó *... a eisíodh sa tréimhse cóireála reatha, agus arna shíniú ag ... nó ag aon duine a údaróidh sé chun sin a dhéanamh* tá trí fhoirm éagsúla ann chun an aga céanna aimsire a chur in iúl nuair is é an aimsir neodrach chéanna atá ann sa Bhéarla, 'issued'... 'signed' ... 'authorised' ...

Léiríonn an sampla sin gur fearr gan amhras an aimsir a sheachaint nuair nach gá í a shonrú. Má tá sé ráite san aon téacs amháin *is gá go mbeadh céim sa dlí ag iarratasóirí* agus *níor mhór scileanna maithe sa teicneolaíocht faisnéise a bheith ag iarratasóirí* is léir gur tuigeadh don aistritheoir gur féidir an dá mhodh a úsáid. Ach níor chuir sé an cheist faoin gciall aimseartha atá le *go mbeadh* nó déarfaí *is gá céim sa dlí a bheith ag* ... Má deirtear *ar na daoine a bheidh páirteach tá Seosamh Ó Ceallaigh* an ionann é agus *ar na daoine a bheidh páirteach beidh Seosamh Ó Ceallaigh*? An féidir *má tá sé beo fós* a chur go ciallmhar le ceachtar den dá leagan? Cé gurb é an aimsir fháistineach atá sa dara leagan ráiteas coinníollach atá ann iarbhír.

Aistrigh Leat

Tá na fadhbanna seo an-tábhachtach, go háirithe toisc gur beag aird a tugadh orthu riamh agus níor mhiste feasacht an aistritheora a mhúscailt ina leith. Tá tagairt déanta agam do chuid acu cheana. Tá an t-alt le Dónall P. Ó Baoill luaite thuas. Deir sé an méid seo a leanas freisin san alt céanna (1996):

> *Ceann de na heaspaí is mó atá ar ghramadach na Gaeilge faoi láthair a laghad cur síos i bhfoirm míniúcháin atá ar fáil faoi ghnéithe iomadúla de chomhréir agus de struchtúr na teanga. Tógaimis mar shampla úsáid na n-aimsirí. Níl cur síos cuimsitheach againn fiú amháin ar úsáid na n-aimsirí i gcanúint amháin gan trácht ar iomlán na teanga ... Go dtí go mbeidh eolas cruinn againn ar úsáidí iomlána na n-aimsirí, ceann ar cheann, is fuar againn a bheith ag súil go dtig gramadach a scríobh. ... Tá an teanga chomhaimseartha fágtha cuid mhaith gan cíoradh fad is a thugtar gach glór don teanga stairiúil ar fada a réimeas caite ... Tá an obair seo uile gan déanamh go fóill gan trácht ar a bhfuil d'eagar agus d'ord le cur uirthi ina dhiaidh sin.*

Seans nach é an ghné chéanna den fhadhb atá idir chamáin agam anseo agus atá i gceist ag an mBaoilleach ach táimid araon ag iarraidh soiléireacht éigin a aimsiú. Má deirtear leis an dalta céanna i halla an scrúdúcháin ag tagairt d'iompraíocht an dalta: *Iarratasóir **a mbeidh** a chuid oibre críochnaithe aige deich nóiméad ar a laghad roimh **an am a cheapfar** do chríoch an scrúdaithe, féadfar cead a thabhairt dó an t-ionad scrúdúcháin a fhágáil ach a chomhad freagraí ar an diosca bog **a bheith tugtha** aige don fheitheoir*, is léir nach bhfuil aon chiall leis an bhfáistineach sin. Is é an frása *roimh an am a cheapfar* an pointe tagartha. Ach tá an sprioc sin socair cheana. Níl sé le socrú. *Atá ceaptha* is fearr. Tugann *a cheapfar* le tuiscint nach bhfuil sé socair agus tá. Maidir le *a mbeidh a chuid oibre* is leor arís cuimhneamh ar an aimsir chaite: *a raibh a chuid oibre déanta*

Cuid 1

aige inné. Níl aon todhchaí ann sa chás seo. Smaoinigh air: *nuair atá an obair sin déanta agat gabh abhaile* nó *nuair atá an obair sin déanta agat rachaidh mé abhaile*. Má tá dhá shampla den fháistineach san aon abairt amháin cé acu ceann is túisce, nó an bhfuil siad ar comhchéim? Maidir le *a bheith tugtha* ní fheicim gur cruinne a leithéid sa chás seo ná an t-ainm briathartha lom agus gur gonta néata *an diosca bog a thabhairt*.

Tá sé an-deacair in amanna an chiall san abairt a fheiceáil: *maidir le náisiúnach den Ghréig **a bheidh** ag teacht go dtí an Stát chun dul i mbun gníomhaíochta ... nó **a bheidh** fostaithe sa Stát, ...ach amháin i gcás **go mbeidh** an fhostaíocht de réir cheada **arna dheonú** ag an Aire Saothair.* An bhfuil ciall ar bith leis an aimsir fháistineach anseo? Samhlaigh go bhfuil tú i do shuí os comhair an dorais ag amharc amach ar an bpobal ag teacht agus ag imeacht; d'fhéadfá tagairt don *chéad duine a thagann isteach an doras* agus is tagairt é don todhchaí - (a) 'there is a person coming to the door right now'; (b) 'there is a person coming to the door later'; (c) 'I see a person who is coming to the door in my dreams'; (d) 'if you see a person coming to the door'; is léir go bhfuil an dá bhriathar ag tagairt don am céanna, amach uainn, ag dá phointe éagsúla - *déarfaidh tú leis an duine atá ag teacht go dtí an Stát* ... nó *déarfaidh tú leis an duine a bheidh ag teacht go dtí an Stát* ... An ionann an dá abairt? Ní dócha é. Má deirtear *in umair **a bheidh** líneáilte roimh ré le scagpháipéar,* cad chuige an aimsir fháistineach anseo? Bheifí ag súil le *atá* toisc go bhfuil 'roimh ré' ann. Tá an easpa loighce le feiceáil san abairt: *i gcás go ndéanfaidh comhalta **a bheidh** pósta iarratas, sula ndéanfar a chomhaltas ranníocach a fhoirceannadh.* Is cosúil go bhfuil deacracht shéimeantach anseo: tá an duine pósta nó níl sé pósta, níl ciall le 'a bheidh pósta' in aon chomhthéacs.

Tá sé fíordheacair aon loighic chroineolaíoch a bhrath sna samplaí sin gan trácht ar na haimsirí éagsúla atá in úsáid chun an riocht céanna a thuairisciú. Má tá an aimsir láithreach sásúil i ndiaidh *má* is deacair a thuiscint cén fáth go bhfuil gá leis an aimsir fháistineach i ndiaidh *i gcás*. Ach thar aon ní léiríonn an sampla sin dúil an Ghaeilgeora sa ghabhlánacht.

4.7 - An t-ainmfhocal

Tá an Ghaeilge chomh tugtha sin don ainmfhocal - feic an abairt *ó bhíos airde glúin fir* ag Pádraig Ua Maoileoin (1978) - gur cheart go mbeadh an teanga in ann don chineál cnuas-ainmfhoclaíochta atá chomh coitianta sin sa Bhéarla. Ní mar sin atá, áfach, mar ní hionann an Ghaeilge agus í i mbarr a maitheasa bheith in iomrascáil le héifeacht an ainmfhocail agus an gnás atá ann anois aithris a dhéanamh ar na hainmfhocail sa mhullach ar a chéile mar atá sa Bhéarla. Tá frása mar *freagra freastail* ag Ó Duin ('considered reply' an Béarla atá aige) a léiríonn feidhm an ghinidigh ag féachaint don fhorlámhas atá ag an ainmfhocal. Tá frása in DIL atá ar aon dul leis, *dochraide loirg* agus 'unrelenting pursuit' mar aistriúchán air. B'fhiú go mór an ghaolmhaireacht sin idir an aidiacht sa Bhéarla agus an ginideach sa Ghaeilge a scrúdú. Más fearr leis an nGaeilge an t-ainmfhocal go minic ná an briathar nó an aidiacht sa Bhéarla luíonn sé le ciall go gcloítear leis an dara hainmfhocal agus é sa ghinideach. Níl sé cinnte gurb é an nós céanna atá chomh forleathan coitianta sa Nua-Ghaeilge.

Dá thairbhe sin tá an Ghaeilge an-tugtha anois don teilgean 'ainmfhocal + briathar simplí' e.g. *béadán a dhéanamh ar*

Cuid 1

dhuine, impí a dhéanamh ar dhuine in ionad *impí ar dhuine, comhairle a chur ar dhuine, a thabhairt do dhuine* in ionad *duine a chomhairliú, fiuchadh a bhaint as rud* in ionad *rud a fhiuchadh, nó cronú a chur i rud* in ionad *rud a chronú* nó *fógairt a dhéanamh ar rud* in ionad *rud a fhógairt?* Tá an teanga lagaithe dá bharr. ***Tugann tú achasán/aithis do dhuine*** mar ***a thugann tú bronntanas dó***. Ar an drochuair tá Béarla eile ar fad le haistriú go minic ina bhfuil carn mór d'ainmfhocail sa mhullach ar a chéile. Is cinnte nach acmhainn don Ghaeilge an chonair sin a leanúint ach ní fios an gá cúl a thabhairt don fhorlámhas traidisiúnta a bhí ag an ainmfhocal. Ní mór bheith cúramach.

Tá fadhb nua ann a bhaineann leis an nósmhaireacht nua sa mhargaíocht nó cineál deilín a úsáid mar rosc catha. Aisteach go leor tá an gnás le feiceáil oiread in ábhair a bhaineann leis an oideachas agus i gcúrsaí nua-aoiseacha amhail an teicneolaíocht agus an airgeadas. Feic mar shampla: 'Best in Class credit risk service' nó ' the second public service pay agreement under Sustaining Progress' nó 'early school leaver initiative', nó 'stay-in-school retention initiative' nó 'back to education initiative' nó 'school completion programme': an ionann iad agus teideal nó frása seasta? Is doiligh aithris a dhéanamh ar aeracht an Bhéarla agus nuair a fhéachtar lena dhéanamh is doiligh an frása a thuiscint: *i ndara comhaontú pá na seirbhíse poiblí* **faoi** Ag Coinneáil an Dul Chun Cinn. Ní hionann agus amhrán nó saothar nó nuachtán é mar níl aon sainiúlacht ag gabháil leis ar an gcéad dul síos ach níl an dara rogha ag an aistritheoir ach an deilín a choimeád ar leithligh.

4.8 - An ginideach

B'uasal álainn úsáid an ghinidigh sa Ghaeilge tráth ach is ionann agus tíogar fiáin i naíolann é leis na blianta. Is léir an difear idir an dá theanga sa fhrása *imreas fianaise* mar a bhfuil an bhéim ar an *imreas* seachas ar *fianaise*. Eascraíonn an deacracht sa nuatheanga ón iomadúlacht agus ón míthuiscint. Dhá ainmfhocal le chéile agus an dara ceann sa ghinideach, sin riail atá simplí sothuigthe. Ach amháin nach ceart é a shamhlú mar áis ghramadúil amháin. Má thugtar *óráid mhaighdine* ar 'maiden speech' nó *saoráid staid na healaíne* ar 'state of the art facility' is léir go bhfuil gné shéimeantach ann freisin.

Ní furasta a rá i gcásanna áirithe cad is brí leis an nginideach agus i gcásanna eile tá sé dothuigthe: cad chuige *ag déanamh an dinnéir* ach *an dinnéar a dhéanamh*? San abairt *an rud atá ag déanamh cumháin dá croí* níl *cumhán* ina chuspóir fiú. Cá bhfuil an chiall le fáil? Má deirtear *tá an dall ag giollacht an daill* tá sé soiléir gurb ionann an t-ainmneach agus an cuspóir, ach níl sé chomh soiléir céanna sa sampla *litir i ndiaidh litreach*. Sin scéal eile gan amhras. B'fhiú don aistritheoir an ginideach a sheachaint nuair is féidir. In ionad *ordú na cúirte* tá traidisiún maith le *ordú ón gcúirt* a rá faoi mar atá *ionadaí don rialtas* in ionad *ionadaí an rialtais* nó *oifigeach don aire* (an officer of the minister). Is féidir *ceadú/formheas/toiliú a fháil ón Aire*. Tá *cathaoirleach ar an gcruinniú* lán chomh maith le *cathaoirleach an chruinnithe*. Tá *ceannasaí ar shoitheach* (person in charge of a vessel), *leanbh cleithiúnach den teaghlach* (dependent child of the family). Agus tá *le comhar/comhoibriú ón eagraíocht* lán chomh maith le *le comhar na heagraíochta*, agus *le caoinchead ón gcomhlacht* chomh ciallmhar le *le caoinchead an chomhlachta*.

Cuid 1

Is léir an buntáiste a ghabhann le *bainisteoir ar shuiteáil amach ón gcósta* (manager of an offshore installation) go háirithe más gá *bainisteoir suiteála* a thabhairt ar 'installation manager'. Is féidir an tríú ginideach a bheith ann sa Bhéarla, mar shampla: 'the duty of the owner of the offshore installation concerned'; is féidir *dualgas an úinéara suiteála amach ón gcósta lena mbaineann* a chur ach tá doiléire ag gabháil leis seachas *an dualgas atá ar an úinéir ar an tsuiteáil lena mbaineann amach ón gcósta.*

Bíonn an ginideach le láimhseáil in amanna sna háiteanna is aistí. In abairt mar 'ownership of the right to publish the magazine entitled ... shall be divested by ... ', is féidir *déanfaidh ... úinéireacht ar cheart foilsitheoireachta na hirise dar teideal ... a dhídhílsiú*, nó *dídhílseoidh siad an ceart an iris ... a fhoilsiú* leagan a sheachnaíonn go leor deacrachtaí. San abairt 'the Minister shall be informed ... of the acquisition of the right to publish the magazine' is féidir an dá ghinideach sa Bhéarla a sheachaint le *cuirfear i bhfios don Aire ... go bhfuarthas an ceart an iris ... a fhoilsiú.* Déantar dhá ghinideach a sheachaint sa sampla seo freisin: *bearta um shábháilteacht ó dhóiteán* (fire safety measures).

Chun an gad a scaoileadh b'fhiú don Ghaeilge aithris a dhéanamh ar theangacha eile seachas an Béarla. Pé ar bith é ní mór an slabhra a bhriseadh mar is ionann sraith d'ainmfhocail sa ghinideach agus an bhailbhe. Ní féidir an bunaonad a aimsiú. Má deirtear *an tseirbhís náisiúnta tacaíochta iompraíochta agus talmhaíochta* ní fios cad é atá i gceist. Tá scoth na Gaeilge ann áfach, an fhoirm cheart den ghinideach i ngach cás ach is goblach nach furasta a dhíleá. Má thagann tú ar fhrása mar *costas aon-uaire suiteála córas rabhaidh faireacháin shóisialta* an dtuigfí cad is ciall leis mar a bhfuil cúig ghinideach as a chéile agus is doiligh a dhéanamh amach cad é an caidreamh atá idir na téarmaí éagsúla (the once-off cost of installing socially monitored alarm systems).

Ar na botúin a rinneadh i stair na Gaeilge ba dheacair ceann níos measa a shamhlú ná an leagan atá ar roinnt aireachtaí stáit: *Aire Dlí agus Cirt, Comhionnanais agus Athchóirithe Dlí, An Roinn Gnóthaí Pobail, Tuaithe agus Gaeltachta, An Roinn Ealaíon, Oidhreachta, Gaeltachta agus Oileán* agus ní luaim ach iad. Sa sampla *An Comhlacht Athbhreithnithe Ardtuarastal san Earnáil Phoiblí* (Review Body on Higher Remuneration in the Public Sector) cad é mar is eol gur *comhlacht chun athbhreithniú a dhéanamh* seachas *comhlacht athbhreithnithe* é féin atá ann? Má tá *cumais riaracháin agus bainistíochta eagraíochta* de dhíth ar an bhfostóir ní fios an bhfuil an phoncaíocht bunoscionn: ar cheart *cumais riaracháin, bainistíochta agus eagraíochta* a bheith ann. Ní hé ach 'administrative and organisational management abilities': *cumas sa bhainistíocht go háirithe maidir leis na gnéithe riarthacha agus eagraíochtúla* nó *leis an gcuid riarthach agus eagraíochtúil de* nó *cumas sa bhainistíocht fad a bhaineann leis an riarachán agus an eagrúchán ach go háirithe*. Tá deacracht i gcónaí le 'organisational'. Feic an sampla seo: *Aonad Forbartha Eagraíochta*. Cé a thuigfeadh go gciallaíonn sé 'Organisational Development Unit' go háirithe nuair atá san abairt chéanna *an tAonad um Rialú Airgeadais* (Financial Control Unit)? B'fhearr *forbairt* mar ainmfhocal a sheachaint go háirithe ós rud é go bhfuil *forbraíocht* ann. Ansin bheadh *an t-aonad um fhorbraíocht eagraíochtúil* nó *san eagrúchán* agat.

Cuid 1

Ní féidir an chiall ná an tsothuigtheacht a chaomhnú má tá níos mó ná ginideach amháin i gceist mar is léir ó na samplaí seo: *tá comhairliúchán poiblí maidir le rialachán na hearnála bainistíochta dramhaíola seolta* nó *tá an tSeirbhís Síceolaíochta mar chuid de Stiúrthóireacht Réimeas Sheirbhís Phríosúin na hÉireann* (the Psychology Service forms part of the Regimes Directorate of the Irish Prison Service). Gach uair a fheicim *Seirbhís Phríosúin na hÉireann* cloisim siansán i m'aigne. Má bhí sé ciallmhar tráth *Aire Oideachais* a rá níl ciall ar bith leis na leaganacha thuas. Ba chuma ach d'fhéadfaí na smachlaí sin a sheachaint trí *um* a úsáid go háirithe toisc nach ginideach in aon ghnáthchiall atá ann. Is é an tAire atá freagrach as gnóthaí a bhaineann le *athchóiriú an dlí* nó *leis na hOileáin* atá i gceist; mar sin *an tAire um* .. is fearr.

Tá an gnás mífhortúnach ina aicíd anois. Easpa machnaimh is cúis leis. Ní fios an bhfuil focail á n-úsáid mar ainmfhocail nó mar aidiachtaí. Sa sampla seo: *d'fhonn nascadh éifeachtach a chinntiú idir clár leanúnach* **athchóirithe** *an dlí choiriúil de chuid an rialtais agus próiseas an chódaithe* (in order to ensure an effective linkage between the Irish Government's on-going programme of criminal law reform and the codification process). Sa chéad abairt eile tá *siollabais nua athbhreithnithe don Ardteistiméireacht* (new and revised syllabuses in the Leaving Certificate), mar a bhfuil an t-ainm briathartha sa ghinideach ina aidiacht.

Chun an fhadhb a sheachaint ní gá ach rud beag solúbthacht aigne agus réamhfhocal nó dhó nó briathar a chur leis. In ionad *Oifig an Choimisinéara Iarratais do Dhídeanaithe* (Office of the Refugee Applications Commissioner) *oifig an*

Aistrigh Leat

choimisinéara le haghaidh iarratas ó dhídeanaithe nó in ionad *An Coimisiún um Thacaíocht d'Íospartaigh Coireachta* (Commission for the support of victims of crime) *An Coimisiún chun tacaíocht a thabhairt d'íospartaigh na coireachta.*

Is mithid na foirmeacha ainmfhoclacha a athghnóthú ar mhaithe lena leithéid d'athbhrí a sheachaint, foirmeacha mar *forbraíocht, ceadúnúchán, clárúchán, léiriúchán, míniúchán, truaillíúchán* ... Ina éagmais sin beidh abairtí mar seo againn go deo: *iarratas ar cheadúnais Dramhaíola agus Cosc agus Srianadh Comhtháite ar Thruailliú* (Waste and Integrated Pollution Prevention and Control (IPPC) licence applications) mar a bhfuil cúig ghinideach i ndiaidh a chéile sa Bhéarla. Ní féidir lomaithris a dhéanamh air sin agus na heilimintí a aistriú agus a chaitheamh sa mhullach ar a chéile sa tsúil gur leor sin mar leagan sothuigthe. Ní mór gach aonad a shainiú, más féidir, agus an ceangal atá idir na haonaid éagsúla a shoiléiriú. *Iarratais ar cheadúnas* atá ann a bhaineann le *dramhaíl* agus le *truailliú* agus *lena gcosc agus lena rialú.* Ina dhiaidh sin cad é atá 'integrated'? Is deacair a rá. Is cosúil nach bhfuil 'waste' clúdaithe ach gurb é an *ceadúnas* a bhaineann leis an truailliú *a chosc agus a rialú* atá comhtháite. An mbeadh a leithéid seo intuigthe in aon chor: *iarratas ar cheadúnais maidir le dramhaíl agus maidir le cosc agus rialú comhtháite ar an truailliúchán?* An bhfuil difear idir *tá lá clárúcháin eagraithe againn* agus *tá lá eagrúcháin cláraithe againn?*

Cuid 1

4.9 - An aidiacht

Is doiligh na fadhbanna a leanann ó dhrochúsáid an ghinidigh a dhealú ó na deacrachtaí a ghabhann leis an aidiacht nuair is ginideach dáiríre atá ann, go háirithe an ginideach den ainm briathartha. Sna habairtí *is tú a bheidh freagrach as soláthar tacaíochta **léirithe** agus teicniúla **deartha*** (you'll be responsible for the provision of production and technical/design support) nó *cinnteoidh tú soláthar éifeachtach sócmhainní leis na meithleacha deartha agus tógála* (you will ensure the efficient **delivery** of digital **assets** to the design and build teams)... *agus tú ag soláthar tacaíocht loighistiúil dár meitheal léirithe* (providing our production team with logistical and administrative support) is abairtí gan chiall iad. Cá bhfuil an nasc gramadúil idir na focail *léirithe* nó *deartha* agus aon fhocal eile san abairt? Ní féidir aon chiall a bhaint as an leagan sin ach tar éis aga fhada machnaimh, agus ansin féin!

Ní cuidiú ar bith an buanmhachnamh féin sna samplaí seo a leanas: *seirbhísí forbartha bogearraí* (software development services, ó cheart) ach na seirbhísí féin a bheith *forbartha* i gcomparáid leis na seirbhísí neamhfhorbartha nó tearcfhorbartha a bhí ann roimhe an chéad léamh a rithfeadh leat. Is measa fós an mearbhall san abairt seo: *ach amháin i gcás aistrithe stoc nó urrús indíolta* toisc nach léir cad is brí le *aistrithe*, an bhfuil sé san uatha nó san iolra, agus ní furasta stádas gramadúil *indíolta* a bhunú nó an bhfuil baint aige le *urrúis* amháin? Is doiligh mar sin ciall na habairte seo a aimsiú. Ba lú an athbhrí *aistriúcháin* a úsáid óir is léir nach bhfuil téacs i gceist. B'fhéidir go dtuigfí tar éis tamaill gur 'save in the case of transfers of stocks or marketable securities' atá le tuiscint as ach b'fhearr mar sin féin

95

i gcás aistriúcháin stoc nó i gcás aistriúchán urrús (atá) indíolta a rá'. Níl an athbhrí sin gan tábhacht. Má tá 'transport of medical supplies and equipment needed for emergencies' le haistriú agat an fearr *iompar soláthairtí leighis agus trealamh is gá le haghaidh éigeandála* nó *iompar soláthairtí agus trealamh liachta is gá le haghaidh éigeandálaí*? Ní fios mar tá an dá leagan le fáil sa doiciméad céanna mar aon leis an mearbhall seanbhunaithe idir *leigheas* agus *liacht*. Má tá 'the proposed merger or take-over' le haistriú agat b'fhearr *beartaithe* a chur le *cumasc* agus le *táthcheangal*.

Seo sampla atá níos casta: 'obtained by the controlled action of heat on edible sugars in the presence of one or more of the following chemical compounds' a bhfuil an leagan seo tugtha air: *a fhaightear trí ghníomhú rialaithe teochta ar shiúcraí inite i láthair ceann amháin nó níos mó de na comhdhúile ceimiceacha seo a leanas*. Tá *rialaithe* ina aidiacht lom an uair seo ach is ionann *gníomhú* agus *teocht* maidir le gramadach de; ach cad faoi abairt amhail *gníomhú rialaithe breifnithe* nó *gníomhú breifnithe rialaithe* gan trácht ar é a chur sa ghinideach: *éifeacht g(h)níomhaithe rialaithe b(h)reifnithe*, nó *tosú gníomhaithe rialaithe breifnithe* agus san iolra *tosuithe gníomhaithe rialaithe breifnithe*!!!!

Tá tagairt déanta agam cheana (Ó Ruairc 2001) don fhadhb a ghabhann le húsáid na haidiachta sa Ghaeilge - nach mbaineann leis na deacrachtaí a leanann ón séimhiú - ach tá fadhbanna sa bhreis ag an aistritheoir. Tá an fhadhb a bhaineann leis an gciall. Tá cead ag an aistritheoir an obair a dhéanamh agus an dualgas a fhágáil ar an léitheoir maidir le ciall a bhaint as an téacs. Baineann cuid mhór de na fadhbanna sin leis an aidiacht bhriathartha nó le foirm an ghinidigh den ainm briathartha a úsáid mar aidiacht. Ní

Cuid 1

hé sin is aidhm don úsáid ar ndóigh ach is é sin an toradh. Má deirtear *an feachtas clúmhillte* an bhfuil sé soiléir gur 'campaign of vilification' atá i gceist? Má deirtear *an duine clúmhillte* cé acu 'the man who is vilified' nó 'the man responsible for the vilification' atá i gceist? Ní leor don aistritheoir an fhadhb a sheachaint trí dhul i bhfolach taobh thiar den ghramadach agus dá héiginnteacht agus cúram na céille a fhágáil ar an léitheoir. Ní mór an chiall a dhéanamh go hiomlán soiléir.

I gcás 'post-nuptial citizenship matters' an cinnte go gclúdaíonn *mionsonraí faoi shaoránacht iarphósta* an chiall? Cad faoi 'congestion tax'? *Fuil-líonadh cúngach, brú tráchta?* Maidir le frása mar 'police enforcement' braitheann an cur chuige ar an gcomhthéacs. Ní hionann 'police enforcement officer', 'police enforcement area' agus 'police enforcement data' maidir le haistriúchán de. Bheadh *oifigeach póilíneachta/póilín um fhorghníomhúchán* ach maidir le 'police enforcement area' bheadh crios *ar mhaithe le forghníomhúchán ag na póilíní*, ach maidir le 'police enforcement categories' nó 'police disciplinary board' tá cur chuige eile ag teastáil: *catagóirí a bhaineann le forghníomhúchán ag na póilíní* agus *bord um araíonacht do na póilíní*.

Tá *fórsa inspreagtha* tugtha ag an gCoiste Téarmaíochta ar 'motivational force', agus *inspreagadh* ar 'motivation'. Cad é mar is fearr 'motivated' a aistriú? Tá an deacracht chéanna le feiceáil leis an difear idir 'adopted' agus 'adoptive'. Is cinnte nach miondeacracht é seo óir ní hionann an dá fhocal cé nach bhfuil siad i gcodarsnacht ach oiread. Má tá 'adoptive', 'adopted' agus 'adopting' san aon téacs amháin ní fiú an téarma céanna a úsáid i ngach cás. Ansin tá samplaí mar *mionsíothlán ciseal mearscagtha imtharraingthe* mar aistriúchán ar 'rapid gravity filter bed microstrainer'. Má tá *athráitis reachtaíochta* ann cad é mar is eol gur 'legislative restatements' atá ann seachas 'restatements of legislation'? Cad is ciall le *Clár an Chiste Spreagtha Taighde* (the Research Stimulus Fund Programme) nó *tacú le cleachtais táirgthe talmhaíochta* (to support sustainable and competitive agricultural production practices) nó *Táscairí Timpeallachta Talmhaíochta Comhtháite* (integrated Agri-Environment Indicators)? Nárbh fhearr *clár an chiste chun an taighde a spreagadh* agus *táscairí comhtháite a bhaineann le timpeallacht na talmhaíochta*?

Tá an fhadhb chéanna le brath an t-am ar fad. Tá *córas bactha* ar 'restraint system', *páirceáil shrianta* ar 'restricted parking', agus *cleachtais shriantacha* ar 'restrictive practices'. Tá an fhadhb le feiceáil sna samplaí seo má chuirtear *tá an Roinn Cosanta i mbun cláir nuachóirithe maidir le córais bhainistíochta*, (the Department of Defence is engaged in a programme of modernising its management systems) (nár shoiléire *chun na córais bhainistíochta a nuachóiriú*?) i gcomparáid le *An Comhlacht Athbhreithnithe Ardtuarastal san Earnáil Phoiblí* (Review Body on Higher Remuneration in the Public Sector).

Tagann fadhb eile chun cinn go minic nuair atáthar ag iarraidh an aidiacht dar críoch '-ing' a aistriú. Ní mór dianstaidéar a dhéanamh ar an gcás seo sa Bhéarla. Deir Peter Newmark (1996:59) go bhfuil sé

> rare in the multiplicity of its functions and in its complexity (with various names from gerund, to verbal noun, participial clause, present participle, deverbal noun ...). ... *the charming fool* represents a state and *a winking fool* represents a process as does *his singing of the song was good* whereas *his rendering of the song* does not ... In my opinion the *-ing* form (or gerund: *founding the school*) is more

Cuid 1

informal and more frequently used than the deverbal noun (*the foundation of the school*) or an infinitive (*to found the school*).

Tá dhá ghné den cheist le breathnú againn anseo. Baineann an chéad cheann leis an rangabháil láithreach nuair is minice ná a mhalairt an foirceann -ing ann. Tá cásanna eile ann nuair nach féidir an focal i mBéarla a aistriú go díreach, e.g. 'the missing book' nuair is gá an frása a fhadú, *an leabhar atá in easnamh*. Tá ceist eile ann faoinar cheart na samplaí sin a aistriú le briathar san aimsir láithreach nó leis an ainm briathartha. Amharc ar na samplaí seo a leanas as *Captain Corelli's Mandolin* agus ar an difríocht atá eatarthu:

(a) those who are supposedly **cowering under** the heel of conquest *(ag cúbadh)*;

(b) they send in another message, **threatening** the storming of the building *(ag bagairt/a bhagraíonn)*;

(c) whilst the rest of us sat **listening** *(ag éisteacht leis)* to him with our ears **burning** *(ar bruith)*;

(d) we have been made to invade a brave country of brave people, **knowing** that we could never feed them in the event of victory *(agus a fhios againn)*;

(e) I don't want you to go **thinking** *(agus tú den tuairim)* that we can expose and repudiate the revisionist and eclecticist historico-ideologues of the **ruling** *(rialaitheacha/atá ag rialú)* classes just by **arranging** strikes *(a eagrú)* and **forming** into unions *(a chruthú)*;

(f) reach a scientific understanding of the concrete conditions **prevailing** *(atá ann)*;

Aistrigh Leat

(g) whilst his abject dog followed behind, soaked to the skin, its tail between its legs, its head **hanging** *(ar crochadh)* dolefully, the very picture of unwise and **unquestioning** fealty *(neamhcheisteach)*.

Is leor na samplaí sin chun riail ghinearálta a tharraingt astu. Ó am go chéile is leor gnáthaidiacht, in amanna eile is gá an t-ainm briathartha agus arís toisc gur staid atá ann is féidir frása a úsáid. Más féidir 'which/who' a chur sa Bhéarla roimh an rangabháil, mar shampla in abairt (b) tá rogha agat idir an aimsir láithreach agus an t-ainm briathartha. Tá abairt mar sin coitianta go leor sa reachtaíocht 'a bill amending a bill' nó 'a treaty amending a treaty'. Tá an dá leagan le fáil sa reachtaíocht Eorpach *conradh a leasaíonn conradh* agus *an conradh ag leasú an chonartha*. Is fearr an chéad cheann óir seachnaítear amhlaidh na fadhbanna a leanann ón nginideach.

4.10 - An t-ainm briathartha

Tá tábhacht ar leith ag roinnt leis an dara gné, an rogha idir '*founding the school* (more informal) and more frequently used than the deverbal noun (*the foundation of the school*) or an infinitive (to found the school) ' (Newmark 1996:59). Sa Ghaeilge níl ach an dá rogha ann ach ar an drochuair tá claonadh le tamall i dtreo na deacrachta. In ionad *scoil a bhunú* a rá is minice atá *bunú scoile* le feiceáil. Leantar an Béarla go ródhocht. Tá luí ag an mBéarla leis an 'deverbal noun' agus déantar an t-aistriúchán ar an múnla sin in ionad luí na Gaeilge a leanúint.

Tá mearbhall ar an nGaeilgeoir. Deir sé sa téacs céanna *iniúchadh na gcáipéisí* toisc gur 'inspection of documents' atá

Cuid 1

sa Bhéarla ach *cáipéisí a cheannach* cé gur 'purchase of documents' atá sa Bhéarla. Is fearr *tuairiscí cúirte agus faisnéis staidrimh a ullmhú* ná ullmhú tuairiscí cúirte agus faisnéise staidrimh. In ionad *tá freagracht ar an eagras seo as rialáil na hearnála airgeadais, as cosaint tomhaltóirí agus as soláthar faisnéise do thomhaltóirí* (the entity has responsibility for financial sector regulation, consumer protection and the provision of consumer information), b'fhearr *as an earnáil airgeadais a rialáil agus an tomhaltóir a chosaint agus a choimeád ar an eolas.*

Tá mionchomhairle amháin is féidir liom a thabhairt: má tá rogha idir múnlaí éagsúla den ainm briathartha is fearr i bhfad agus is sothuigthe an múnla:

1. cuspóir + a + ainm briathartha

seachas an múnla:

2. ainm briathartha + cuspóir.

Cé acu ceann is soiléire idir an dá leagan seo: *fáil éigeantach talún* agus *talamh a fháil go héigeantach,* nó *oibriú an ordaithe éigeantaigh* agus *an t-ordú éigeantach a oibriú?* Is fíor nach féidir múnla 1 thuas a úsáid i gcónaí ach feic go háirithe sa dara cás nach bhfuil ach focal amháin a bhfuil cruth inaitheanta air ar an gcéad amharc. Smaoinigh i gcónaí ar an léitheoir, smaoinigh ar éifeacht an aistriúcháin, smaoinigh ar an gciall, seachain an ghibiris.

Má tá abairt mar seo le haistriú tá an t-idirdhealú idir briathar agus ainmfhocal an-tábhachtach: 'The role of financial analyst involves obtaining, analysing and evaluating financial information, trends and

101

structures arising in the course ... '. Tá trí ainmfhocal 'information, trends, structures' faoi réir ag trí bhriathar/ainm briathartha 'obtaining, analysing, evaluating'. Braitheann éifeacht an aistriúcháin ar an dóigh a ndéileáltar leis na catagóirí éagsúla atá le ceansú.

4.II - Sampla traidisiúnta

Faoi *comóir* in *FGB* mar shampla tá *aonach a chomóradh*, 'to convene a fair' agus faoi *comóradh* tá *láthair an chomóraidh*, 'the place of assembly' nó an *Cháisc a chomóradh*, 'to celebrate Easter' agus *comóradh na Cásca*, 'the Easter festival' - is ionann i mBéarla 'the convening of a festival' agus 'to convene a festival' ach is léir an difear idir an t-ainmfhocal agus an t-infinideach. Is amhlaidh i ngach teanga - c*onvoquer une réunion* agus *la convocation d'une réunion* ach fágtar foirm an ainmfhocail mar an gcéanna de ghnáth. Is leor réamhfhocal a chur roimhe 'before the convening' nó 'pendant la convocation' chun an riocht a athrú. I gcás na Gaeilge, áfach, an briathar nach n-athraítear nuair atá sé in ainm a bheith ag feidhmiú mar ainmfhocal, athraítear é go minic nuair atá réamhfhocal i gceist agus gabhann air foirm aidiachta - tá foirm bhriathartha air mar sin i gcás amháin nuair atá sé ag feidhmiú mar ainmhfocal agus foirm aidiachtach air i gcás eile. Tá go leor samplaí ann den fhoirm ar leith chun tabhairt le tuiscint gur tuigeadh an deacracht agus gur féachadh lena leigheas. Is é an fhíorfhadhb nach dtuigtear don ghnáthdhuine go bhfuil fadhb ann toisc nach mbuaileann sé leis an bhfadhb riamh agus níl smid as na saineolaithe.

Ceist amháin eile: an bhfuil sé le tuiscint ón liacht sampla a thugtar (NÓ atá tugtha?) den ainm briathartha nuair is é an

Cuid 1

briathar an ceannfhocal nach mbaintear úsáid as an ngnáthbhriathar ar an ngnáthdhóigh de ghnáth? Sampla maith eile is ea *scar*, faoi *scar, v.t. & i. (pp. - tha)* tá an sampla seo, *na cuaillí a scaradh go maith*, 'to set the posts well apart', agus faoi scaradh, *m (gs. -rtha)* - feic an difear idir an *(pp. - tha)* agus an *(gs. - rtha)* - tá *scaradh cuaillí*, spacing of poles.

Ní ceist theoiriciúil é mar is léir ón sampla seo atá ar fheabhas ar fad de réir na seanrialacha (*cailín deas crúite na mbó*) ach atá go hiomlán dothuigthe mar atá sé: *córais díshioctha agus díscamallaithe gaothscátha* (windscreen defrosting and demisting systems). An ionann an neamhshéimhiú ar *díshioctha* agus ar *díscamallaithe* agus nod gur aidiachtaí iad nó a mhalairt? Pé scéal é nárbh fhearr *córas chun gaothscáth a dhíshiocadh agus a dhíscamallú* a rá? Is amhlaidh sa sampla *córais cuimilte agus nite gaothscátha* (windscreen wiper and washer systems) atá bunaithe go hiomlán ar an múnla Béarla bíodh is go bhfacthas don aistritheoir gur sártheilgean Gaeilge a bhí in úsáid aige. Ní féidir aon nasc gramadúil idir na téarmaí éagsúla a shainiú.

Más amhlaidh atá ní teanga atá ann ach sraith d'fhocail. Sa sampla seo tá sraith d'fhocail ann iarbhír: *de dheasca díobhála, galair, éalaing (sic) ó bhroinn nó de dheasca tinnis choirp nó mheabhrach* (as a result of an injury, disease, congenital deformity or physical or mental illness); ach cad chuige *choirp* agus *mheabhrach* a bheith séimhithe; an aidiachtaí iad? Maidir le *éalaing*, an bhfuil sé sa ghinideach? *Éalang* atá mar ainmneach in *FGB*, agus *éalainge* mar fhoirm an ghinidigh. Cuireann na mionphointí sin ar fad leis an éiginnteacht agus leis an easpa tuisceana. Is baolach go bhfuil an Ghaeilge ar fheabhas ach go bhfuil an chiall ar iarraidh.

4.12 - Comharthaí sóirt na habairte

Tá an abairt bunaithe ar chomhcheangal na gcatagóirí agus ar an idirchaidreamh atá eatarthu. Is fiú mar sin súil a chaitheamh ar chomhdhéanamh na habairte agus ar na múnlaí a chumann an abairt. Bhí an tuiscint ann sa Ghaeilge go raibh mioneolas ar an teanga ag saineolaithe áirithe lena n-áirítear na cainteoirí ó dhúchas. Ar an drochuair bhí an mioneolas seo fo-chomhfhiosach go minic. Caithfidh an t-aistritheoir na rialacha a mhíniú ar dhóigh atá comhfhiosach, sainráite. Ní mór an ghramadach a cheangal leis an gciall agus an chumarsáid dhaonna a chíoradh ionas go bhfuil sé soiléir sainráite.

Má luaim ciall is léir go bhfuilim ag tagairt don fhocal, don fhoclóir. Má tá an abairt comhdhéanta d'fhocail, tá sé chomh cinnte céanna go bhfuil gach gné den eolas ar an teanga, ón tséimeantaic gó dtí an fhóineolaíocht, ón gcomhréir go dtí an fhocleolaíocht fite fuaite san fhoclóir, agus más cinnte go bhfuil ciall ag focal is é teaglaim na bhfocal san abairt is tábhachtaí. Tá súil agam go bhfuil roinnt teoiricí á lua agam atá úsáideach don aistritheoir.

Má tá focail le cur le hais a chéile ní mór iad a chur san ord ceart. Luíonn sé sin le réasún. Ach níl aon deacracht is minice atá le sárú ag an aistritheoir. Chun an t-ord a shoiléiriú ní mór comhdhéanamh na habairte a shainiú. Cad is abairt ann sa Ghaeilge? Ní heol dúinn mar Ghaeilgeoirí cad iad na habairtí is coitianta nó cad iad na múnlaí is fóintí. Amharcaimis ar roinnt samplaí chun comharthaí sóirt na gnáthabairte sa Ghaeilge a shainiú:

Cuid 1

- *d'ith an fear mór an milseán beag*
- *thug sé an chnámh don mhadra*
- *d'éirigh sé as*
- *ba mhaith liom imeacht/gluaisteán*
- *is doiligh taibhse a fheiceáil*
- *ceapadh go raibh an míniúchán ródhoiléir*
- *chinn an chúirt seachtain ó shin nach bhfuil reachtaíocht a théann siar go 1935 ag luí leis an mbunreacht a glacadh dhá bhliain níos déanaí.*

Faoi mar atá beagnach gach teanga, tá teorainn le líon na bpatrún abairteach sa Ghaeilge. Is féidir na patrúin sin a shainaithint trí ionadúcháin chomhleanúnacha a chur isteach. Sa chéad abairt, d'fhéadfaí **Seán** nó **sé** a chur in ionad *an fear mór* agus **é** in ionad *an milseán beag* gan an patrún a athrú. In ionad abairt go cúig eilimint níl againn anois ach trí cinn: ***d'ith sé é***. Is leor an briathar a athrú (neamhaistreach in ionad aistreach) agus ní gá ach dhá cheann: ***d'imigh sé***. Má dhéantar an abairt a roinnt ina comhpháirteanna, tá anailís chomhpháirteach déanta againn.

Ceist eile ar fad ar ndóigh, baineann sé le fad agus téagar na habairte. Is ionann mar sin abairt mar 'the economic reason for this is the increased longevity and maintained power of their parents' agus 'the weather is the main cause' nó 'the girl is the culprit'. Ach más féidir a rá gan stró *is é an aimsir an phríomhchúis* nó *is é an cailín an ciontóir* is doiligh an cleas céanna a imirt ar dhóigh atá sothuigthe sa leagan Gaeilge den chéad abairt.

Aistrigh Leat

Amharcaimis ar roinnt patrún atá tipiciúil sa Ghaeilge. Ní mór tabhairt faoi deara go bhfuil an Béarla roinnte de ghnáth idir dhá ainmfhocal agus briathar idir eatarthu ('the child saw the hen') ach go bhfuil an dá ainmfhocal láimh le chéile sa Ghaeilge agus an briathar ar deighilt uathu (*chonaic an leanbh an chearc*). Má tá frása ainmfhoclach mar a bhfuil an chéad ainmfhocal agus an dara frása ainmfhoclach nó frása briathartha mar a bhfuil an dara hainmfhocal is furasta greim ar an gciall a chailliúint. Má tá abairt mar seo agat (agus tá a leithéid an-choitianta sna téacsanna atá le haistriú, go háirithe sna téacsanna a bhaineann leis an reachtaíocht) : 'the teacher who was waiting at the front of the school for all the children to leave showed the man who was lost where he ought to take the shortcut'.

Ach an gá don Ghaeilge leagan amach an Bhéarla a leanúint? An mbeadh sé indéanta abairtí an Bhéarla a bhriseadh suas, dhá nó trí abairt a chur mar a bhfuil abairt amháin sa Bhéarla. Tá feachtas ar siúl faoi láthair chun cur i láthair na reachtaíochta a athbhreithniú: 'Public Consultation on Restatement of Legislation' a bhfuil **Comhairliúchán Poiblí ar Athráitis Reachtaíochta** mar Ghaeilge air. Ní fios an bhfuil sé le tuiscint ón nGaeilge gurb é atá beartaithe an teanga féin a dhéanamh níos soiléire; nó mar a thugann Robert D Eagleson air: 'language that avoids obscurity, inflated vocabulary and convoluted sentence structures'.

Tá an saineolaí sin luaite ag Henry Murdoch in alt dá chuid in **The Irish Times** (27 Bealtaine 2006). Déanann Murdoch tagairt don '... old drafting convention (whereby) a section in an Act should consist of one sentence only'. Tugann sé sampla de nós atá an-choitianta: 'legal drafters frequently separate the subject and verb in a sentence and this often means that the reader has got to get to the end of a sentence to understand its meaning'. Tugann sé sampla: 'An employer or any servant or agent who aids, abets,

Cuid 1

counsels or procures an employee in the employment of that employer to commit an offence under subsection (1) shall be guilty of an offence'. Deir sé ansin : 'This would be better stated as 'An employer or agent is guilty of an offence if he aids ...'

Tá tagairt aige freisin don 'conditional clause (which) is put at the beginning of a sentence. This is user-unfriendly as the reader is met with an exception before knowing what the substantive position is: 'If, for the purposes of obtaining entitlement to any payment of unemployment assistance ..., or of avoiding the making of any repayment ... any person makes any statement which is to his knowledge false or misleading ... shall be guilty of an offence' (Murdoch 2006).

Tá céim sa bhreis tógtha sa Bhreatain. Den chéad uair riamh i stair an dlí sa Bhreatain tugann an Coroner Reform Bill (dréachtbhille 2006) míniúchán in 'plain English' ar an leathanach os comhair an leagain 'oifigiúil' mar a bhfuil an teanga dhothuigthe is dual don reachtaíocht. Cé a dhréachtaigh an leagan sothuigthe? Na dréachtóirí céanna a dhréachtaíonn an leagan deacair. Mar sin, tá ar fáil sa chás seo i reachtaíocht oifigiúil na Breataine aistriúchán go Béarla ar reachtaíocht atá i mBéarla cheana féin. Dá leanfaí an eiseamláir sin i reachtaíocht na hÉireann bheadh ceithre leagan i gceist, aistriúchán ar an leagan i mBéarla, aistriúchán ar an leagan i nGaeilge mar aon leis an mbunleagan barántúil sa dá theanga. Má tá gá le míniúchán simplithe sothuigthe don reachtaíocht sa Bhéarla d'fhéadfaí a leithéid a sheachaint sa Ghaeilge ach an teanga a dhéanamh sothuigthe ar an gcéad dul síos. Thug Jean-Paul Sartre an dea-shampla na blianta ó shin. Cé go bhfuil **Les Mots** (Sartre 1964) ina shaothar fealsúnachta tá sé scríofa i dteanga shothuigthe. Tig le cách é a léamh agus na focail ar a laghad a thuiscint. Caithfidh an t-aistritheoir go Gaeilge aithris a dhéanamh ar Sartre agus teanga shoiléir shothuigthe a chleachtadh.

4.13 An clásal coibhneasta nó *an charraig a chonaic an madra*

B'fhiú tagairt éigin a dhéanamh don deacracht a bhaineann leis an gclásal coibhneasta go háirithe nuair atá ainmneach daonna ann agus nuair atá briathra ann a oireann don ghníomh daonna. Chun gach athbhrí a sheachaint in abairt mar *sin an fear a chonaic an gasúr* nuair nach bhfuil aon leid le fáil ón gcomhthéacs (ní fios cé a chonaic cé). Is fiú a mheabhrú go bhfuil ár dtuiscint mar Ghaeilgeoirí ag brath ar an mBéarla. San abairt *sin an tarbh a chonaic an fear* tá sé intuigthe gur 'which' atá ann más é an tarbh a chonaic, agus '(that) the man saw' más é an fear a chonaic. Is amhlaidh san abairt *sin an tarbh a mharaigh an fear*. Ach má tá *sin an tarbh a dhíol/cheannaigh an fear* is é an chiall a shoiléiríonn an chomhréir. Sin mar atá san abairt sa mhír roimhe seo: *na dréachtóirí céanna a dhréachtaíonn an leagan deacair*.

Nuair atá slabhra de chlásail choibhneasta ann is léir gur mó arís an deacracht. Cad é mar a chaomhnaítear go beacht na heilimintí agus na caidrimh éagsúla san abairt seo : 'the woman who saw the child spoke to the man who was carrying the ladder which was stolen from the man who shot her father'. Tá sé furasta go leor, déarfaí, maidir le foclóir de: *Labhair an bhean a chonaic an leanbh leis an bhfear a bhí ag iompar an dréimire a goideadh ón bhfear a mharaigh a hathair*. Tá deacracht sa bhreis toisc nach eol dúinn an buachaill nó cailín an leanbh. Seo sampla eile: *bhí sí féin ina protastúnach tráth a phós caitliceach a fuair bás nuair a phléasc an teach agus a fágadh ina baintreach go luath ina saol*. Nó sa sampla seo: *níl tagairt ar bith don eachtra a tharla nuair a thit an bhean a mhíníonn*

Cuid 1

cad é ba chúis leis an eachtra. An é an bhean a thugann an míniúchán nó an bhfuil an tríú *a* ag tagairt don *eachtra*? (Is fiú a rá dála an scéil nach bhfuil gá ar bith leis an *a* roimh *thit* thar mar atá minic go leor sa teanga go háirithe roimh *bheith* óir is moirféim é atá folamh go séimeantach).

Bíonn an fhadhb seo le réiteach ag an scríbhneoir cruthaitheach freisin ach amháin go bhfuil seisean ina mháistir ar a chiall féin. Bíonn seisean ag iarraidh bheith diamhrach b'fhéidir. Breathnaigh ar an abairt seo: *Buntáiste amháin a bhain leis an bhfaoistin dhorcha ba ea go raibh daoine in ann a gcuid rúndiamhracha dubha a insint do shagart nárbh eol dóibh i mbocsa nár bhain le cách.* Níl sé soiléir ón gcomhréir cad leis a bhfuil baint ag an abairtín *nár bhain le cách*. Ní thig leis an aistritheoir an cineál sin éiginnteachta a chleachtadh agus is ceist achrannach í seo ina gcuirtear an chiall as a riocht go minic. Sa sampla seo: *cibé ceisteanna beartais, de rogha an choiste, a bhaineann le comhlachtaí a mhaoiníonn an Stát go hiomlán nó i bpáirt nó a bhunaíonn nó a cheapann Comhaltaí an Rialtais* (such related policy issues as it may select concerning bodies which are partly or wholly funded by the State or which are established or appointed by Members of the Government) níl aon bhealach ann chun an chiall chruinn a chinntiú. D'fhéadfaí bheith measartha cinnte ón gcomhthéacs gurb é *an stát a mhaoiníonn na comhlachtaí* agus ní a mhalairt agus bheadh an chiall measartha cinnte dá mba *na cuideachtaí a mhaoiníonn an tionscadal* a bhí ann óir ní hacmhainn do *tionscadal* maoiniú. Ach an dara cuid den abairt níl aon chinnteacht ag gabháil leis.

Má tá abairt mar 'a document recognised by the appropriate authority in the UK as documentary proof' le haistriú, an bhfreagraíonn an leagan: *doiciméad a aithníonn an t-údarás iomchuí sa RA mar chruthúnas doiciméadach* don Bhéarla, nó an sampla é de *an charraig a chonaic an madra*? Tá an Béarla soiléir agus is féidir an 'recognised by' a aistriú le *arna aithint ag*; sa leagan mar atá sé, is é an doiciméad atá san ainmneach ar an gcéad léamh - cad é mar a thuigfí cé acu is ainmní in *an bhó a fheiceann an duine* nó *an duine a fheiceann an bhó*? An dtagann abairt mar *folaíonn seamlas broitheach* (abattoir includes a slaughterhouse) faoin riail chéanna, agus cad faoi *is seamlas broitheach* agus *is broitheach seamlas*? An ionann *folaíonn bó ainmhí* agus *folaíonn ainmhí bó*?

4.14 - An t-ord san abairt

Caithfidh an t-aistritheoir bheith ar an airdeall i gcónaí nach gcuireann sé an chiall as a riocht trí ord na habairte a mheascadh an iomad. Ina theannta sin ní leor ord an Bhéarla a leanúint go docht má théann an chiall ó smacht ar an léitheoir dá bharr. Leanann an deacracht freisin ó chuid de na fadhbanna atá tugtha faoi deara agam cheana. San abairt seo mar shampla bíodh is go bhfuil an chiall le fáil ann ar deireadh tá an iomad constaicí curtha ag an aistritheoir sa bhealach roimh an léitheoir chun gur féidir a rá gur aistriúchán soiléir atá ann: *Tugann an Chomhairle um Thaighde maoiniú do thaighde atá ar thús cadhnaíochta agus a chothaíonn saineolas eacnamaíoch, sóisialta agus cultúir a théann chun tairbhe fhorbairt na hÉireann i dtimpeallacht domhanda atá faoi thiomáint ag an eolas.* Tá bacadradh ann ón tús.

Sa sampla seo níl an abairt faoi smacht ón tús: *cuideoidh sé leis an Údarás nua Uchtála forbairt ina ionad feabhais i dtaca*

Cuid 1

le seirbhísí uchtála agus seirbhísí gaolmhara, a sholáthróidh seirbhísí cuí, cuimsitheacha ar ardchaighdeán dár gcliaint agus dár lucht leasmhar agus a bheidh ar thús cadhnaíochta maidir le soláthar seirbhísí áitiúla a athrú.

San abairt seo níl bun ná barr ar an scéal: ***Oifigigh Forfheidhmiúcháin leis an Coimisiún um Rialáil Tacsaithe maidir le timpeallacht comhlíonadh gníomhaíocht chorparáideacha (sic) a fheabhsú sa gheilleagar Éireannach trí aontú le** a spreagadh agus iadsan nach dtugann aird ar an dlí a chur faoi freagracht* (the Office of the Director of Corporate Enforcement has a central role in improving the compliance environment for corporate activity in the Irish economy by encouraging adherence to the requirements of the Companies Acts and bringing to account those who disregard the law). Is dócha nach é an t-ord amháin atá lochtach sa chás sin ach má tá aidhm na habairte os comhair a shúl ag an aistritheoir an t-am ar fad ní bheadh sé sásta le habairt atá chomh scaipthe sin.

Má deirtear *léim Seán Ó Gallráin gach Domhnach in The Sunday Press* an ionann é agus *léim Seán Ó Gallráin in The Sunday Press gach Domhnach.* Is é an cheist: an féidir aon riail a bhunú ar an sampla sin? Má chuirtear in ionad *Seán Ó Gallráin* abairt mar *an té a d'imigh ón Airgintín nuair a cuireadh an ruaig air ag deireadh na bliana seo thart* is léir go bhfuil fadhb ann mar beidh *ag deireadh na bliana seo thart* láimh le *gach Domhnach* sa bhunabairt. Tá ceangal tuisceana de shaghas éigin idir *gach Domhnach* agus *The Sunday Press* nach mbeadh ann ach amháin go bhfuil sé intuigthe gur ar lá an fhoilseacháin atá an sliocht á léamh. Abair gur *gach Satharn* atá ann bheadh míchiall éigin ag baint leis an abairt *léim Seán Ó Gallráin gach Satharn*

111

in *The Sunday Press*. Sa chás sin b'fheárr *léim Seán Ó Gallráin in The Sunday Press gach Satharn* a rá.

Seo sampla eile: *Tá Peadar míshásta toisc gur cheap sé go raibh deireadh curtha aige fiche bliain ó shin leis an miotas faoina liacht focal atá ag poblachtaigh ar an gcoincheap 'crógacht'.* Is é an bhunabairt atá ann: *Tá Peadar míshásta toisc gur cheap sé go raibh cinnteacht ann faoin gcoincheap.*

4.15 - Ord na n-aidiachtaí

Ní cheapfaí go raibh an t-ord chomh tábhachtach sin maidir le haidiachtaí de ach tá an chiall chruinn ag brath ar an ord ceart. Cad é mar is féidir 'integrated impact assessment process' a aistriú? D'fhéadfadh 'integrated' bheith ag tagairt do cheann ar bith de na hainmfhocail (más ainmfhocail iad) a leanann é ach ní féidir an éifeacht sin a aistriú go Gaeilge; ní mór rogha a dhéanamh agus chuige sin ní mór an frása a mhiondealú. Tá an frása seo le feiceáil go minic i ndoiciméid ón AE: sa leagan Fraincise agus sa leagan Ollainnise tá 'integrated' ceangailte le 'assessment' agus i roinnt leaganacha eile tá sé ag cáiliú 'process'. An eol d'éinne cé acu ceann is cruinne? An bhfuil an t-ord ceart sa leagan seo: a*n tSeirbhís Náisiúnta Tacaíochta Iompraíochta* (National Behaviour Support Service) faoi mar atá san abairt *faoi stiúir Comhordaitheora **Náisiúnta Chúnta*** (... an Assistant National Co-ordinator)? Is dócha go bhfuil ach mar sin féin tá an chiall in aimhréidh.

Is beag aird a tugadh riamh ar an ngné seo den ghramadach óir ceapadh nach raibh fadhb ar bith ann (toisc gan amhras go

Cuid 1

raibh an Béarla mar chrios tarrthála againn). Níl sé i gceist agam anseo dul isteach rómhion sa scéal ach ní mór tagairt d'ionad na haidiachta ach go háirithe. An ionann *dreamanna éagsúla áitiúla* agus *dreamanna áitiúla éagsúla?* An ionann *cuspóir ardnósach polaitiúil* agus *cuspóir polaitiúil ardnósach?* Shílfeá gur cuma iad a chur in aon ord. Ach is é an aidiacht is cóngaraí don ainmfhocal an aidiacht bhunúsach. Ciallaíonn na habairtíní thuas mar sin *dreamanna éagsúla* atá *áitiúil* (ach a d'fhéadfadh a bheith *idirnáisiúnta, coimhthíoch*) nó *dreamanna áitiúil* atá *éagsúil* (ach a d'fhéadfadh a bheith *coibhéiseach, comhchosúil*) agus *cuspóir ardnósach* atá *polaitiúil* (ach a d'fhéadfadh a bheith *eacnamaíoch, eaglasta*) agus *cuspóir polaitiúil* atá *ardnósach* (ach a d'fhéadfadh a bheith *truacánta, éadóchasach*).

Is tearc téacs nach bhfeictear an neamhchúis maidir leis an gceist seo: is *comhdháil airgeadais idirnáisiúnta inniúil* é: 'a financial conference which is international and competent'. Má deirtear *comhdháil idirnáisiúnta inniúil airgeadais* ciallaíonn sé 'an international conference which is competent and financial'. Tá an deacracht seo le feiceáil ar fud na háite sna gnáthaistriúcháin. De ghnáth tá an coincheap soiléir sa Bhéarla: 'a joint annual report' = 'annual report which is joint', 'adequate social protection' = 'social protection which is adequate'. Má tá sa Ghaeilge, áfach, *tuarascáil chomhpháirteach bhliantúil* nó *cosaint imleor shóisialta* níl an tosaíocht tugtha don aidiacht cheart. Tá an bunchoincheap soiléir de ghnáth sa Bhéarla. Níl sé soiléir de ghnáth sa Ghaeilge. Amharc mar shampla ar an aidiacht *céanna*. Má tá *na daoine sin céanna* is léir nach bhfuil an t-ord i gceart agus gur gá *na daoine céanna sin* a rá cé gur féidir *na daoine olca céanna* a rá agus ní féidir *na daoine céanna olca* a rá.

Aistrigh Leat

Ní fhéadfaí 'an unknown junior civil servant' a chur mar 'a junior unknown civil servant' ná 'a junior civil unknown servant'. Cad faoin nGaeilge? An bhfuil leagan amháin atá ceart? Toisc *státseirbhíseach* a bheith ina aon fhocal amháin is lú an fhadhb atá sa Ghaeilge. Ach an féidir *státseirbhíseach sóisearach anaithnid* a mhalartú le *státseirbhíseach anaithnid sóisearach*? An féidir an loighic chéanna a chur i bhfeidhm ar an nGaeilge agus *sóisearach* seachas *anaithnid* a ghreamú sa chéad áit do *státseirbhíseach*? Dá mba 'an anonymous junior civil servant' a bhí le haistriú bheadh an scéal níos fusa óir ba dheacair *státseirbhíseach gan ainm sóisearach* a rá.

Ní i gcónaí. I gcás 'national public markets' is fiú rian an Bhéarla a leanúint agus 'public market' a ghlacadh mar bhunchoincheap agus 'national' a shamhlú mar cháilitheoir. Cad tharlaíonn má tá breischéim i gceist? Is féidir *an chomhdháil airgeadais idirnáisiúnta is inniúla* a rá ach cad faoi 'the most financial' nó 'the most international'? Nó san abairtín 'Spanish history teacher' ní thig leis an nGaeilge an abairtín céanna a dhéanamh gan athbhrí: *an múinteoir le stair na Spáinne* nó *an múinteoir Spáinneach le stair* nó, b'fhéidir an leagan is fearr sa chás seo, *an Spáinneach is múinteoir le stair*. Is minic nach mbíonn an ghaolmhaireacht soiléir in aon chor. Má tá 'internal audit unit' ann, an é 'internal audit' nó 'audit unit' atá ann, is é sin 'internal' seachas 'external' nó 'audit' seachas 'economic'. Níl réiteach ar an scéal ag an nGaeilge. Is féidir *an t-aonad um iniúchóireacht inmheánach* nó *an t-aonad inmheánach um iniúchóireacht* a rá. B'fhéidir go soiléiríonn an comhthéacs an cheist ach pé scéal é fágtar an t-aistritheoir ar a acmhainní féin. Tá *ábhair shonraithe phriacail* ag an gCoiste Téarmaíochta (*Adm, Ed.*) ar 'specified risk materials' cé go bhfeictear dom go bhfuil sé san ord mícheart ar go leor cúiseanna ach tá sé san ord

Cuid 1

sin ar chúiseanna gramadúla. Smaoinigh ar 'young catholic person'; tuigtear dúinn nach ceadmhach 'catholic young man' a rá de ghnáth. An ceadmhach mar sin *duine óg caitliceach* nó *duine caitliceach óg* a rá? Ní ceadmhach óir is *duine caitliceach* atá óg atá ann agus ní a mhalairt.

Is fiú don aistritheoir aird a thabhairt ar an ngné seo den obair agus é i mbun pinn lasmuigh den aistriúchán. (Glacaim leis nach gá béim a chur arís ar a thábhachtaí atá sé an t-ábhar aistritheora bheith ag cleachtadh scríobh na Gaeilge in aghaidh an lae. Ní ceacht teibí é an t-aistriúchán. Tá sé bainteach leis an ngnáthobair scríbhneoireachta. Mar a luaigh mé i dtosach báire má thig leis an scríbhneoir cruthaitheach na bealaí friotail agus na coincheapa is rogha leis a chur chun cinn tá an t-aistritheoir faoi laincis ag na coincheapa a chruthaigh duine eile).

Is féidir smaoineamh ar neart samplaí reatha. Tá leagan tugtha ag an *CT* ar 'performance management and development system'. Cá bhfuil an t-aonad? Is é 'system' an bunaonad ach níl aon chuid eile de soiléir. An bhfuil 'management' agus 'development' araon faoi réir ag 'performance'. An ionann é mar mhúnla agus 'old men and women' nuair nach fios an 'old men' agus 'women' atá ann nó 'old men and old women'. Glactar leis sa Ghaeilge go gciallaíonn 'buachaillí agus cailíní óga' go bhfuil na buachaillí óg chomh maith, ach ní fíor sin. Is é is dóichí gur 'system' é chun aire a thabhairt don *forbraíocht* ar an gcéad dul síos agus ar *feidhmíocht na bainistíochta* ina dhiaidh sin. Ní hé sin an tuairim atá ag an CT, áfach, óir is é a leagan siúd: *córas bainistíochta agus forbartha feidhmíochta*. Dá ndéanfaí an leagan sin a chur droim ar ais bheadh 'a system of (the) management and of (the) development of performance'. San abairt 'purchase and keep a supply of such agents and ancillary instruments and equipment' ní leor *soláthar a*

Aistrigh Leat

cheannach agus a choimeád de cibé gníomhaithe agus ionstraimí agus trealamh foghabhálach (sic) mar aistriúchán air; is léir ón mBéarla go bhfuil 'instrument' á cháiliú ag 'ancillary'. Sa Ghaeilge tá *foghabhálach* san uatha (botún cló?) agus ag tagairt mar sin do *trealamh* amháin.

Caithfidh an t-aistritheoir bheith ag smaoineamh de shíor ar an nGaeilge amháin, ar an toradh atá ar an aistriúchán. An ionann an Béarla atá mar bhun leis na haistriúcháin seo a leanas: *a meáchan ualaithe iomlán ceadaithe, a n-ollmheáchan ualaithe ceadaithe* agus *a meáchan údaraithe uasta iomlán*?

Tá neart samplaí den éiginnteacht le feiceáil in aghaidh an lae. Tá *athbhreithniú straitéiseach cuimsitheach* cruinn ceart mar aistriúchán ar 'a comprehensive strategic review' ach níl *stiúrthóir cúnta náisiúnta* cruinn mar aistriúchán ar 'assistant national director' ná *comhlacht neamhspleách reachtúil* cruinn mar aistriúchán ar 'an independent statutory body'. Is 'national assistant director' agus 'a statutory independent body' atá aistrithe faoi seach. Is é an cheist ag an léitheoir an ionann an *comhlacht neamhspleách reachtúil* agus an *comhlacht reachtúil neamhspleách* dá ngairtear an tÚdarás Náisiúnta Míchumais (the National Disability Authority)?

4.16 - Tábhacht le hinscne

Ní dóigh liom gur maith an chomhairle é don aistritheoir an mhalairt *sé/sí* a úsáid le cur in iúl go bhfuil an cine daonna ar fad clúdaithe agus nach bhfuil idirdhealú nó leatrom i gceist. Seans nach bhfuil ann ach an chirte pholaitiúil. Tuigeadh riamh anall go

Cuid 1

raibh an cine daonna uile clúdaithe san fhocal *duine*. Tá sé rófhurasta lomaithris a dhéanamh ar an mBéarla chun an rud 'gender-neutral' a dhéanamh ach cuireann sé go leor gnéithe eile den teanga as a riocht. Tá ár sáith d'easpa loighce sa teanga againn gan sampla breise a chur leis.

Is deacair aon chiall a dhéanamh as an nós go bhfuil sé ar chumas na Gaeilge a bheith inscne-neodrach. Tá an fhadhb cheannann chéanna ag aon teanga a bhfuil córas seasta d'inscní seanbhunaithe iontu amhail an Ghaeilge nó an Fhraincis. (Feic an méid seo ag Séamas Ó Murchú (1998)[4]: 'Fágtar f gan séimhiú uaireanta, go háirithe nuair a d'fhéadfadh an séimhiú an focal a chur ó aithne: *cuid den foireann, bhí sé ina file maith, tá sí an-fearúil* – b'fhéidir go bhfuil míniúchán eile leis an gcleachtas seo, nach gá séimhiú toisc gur léir cheana féin gur *fear* atá i gceist.) An sampla atá in **FGB** mar *d'éalaigh an t-anam as* is mar *d'éaluigh an t-anam aiste* atá sé ag *Ó Duin*! Cad é mar a d'aistreofaí an abairt seo ó Iris Murdoch (1957): 'She felt the satisfaction of one who is in the right, able to impose his will, and doing so mercifully'? Is fadhb idirnáisiúnta an fhadhb seo feasta. Feic an díospóireacht in **The Guardian** faoin gceannteideal 'Has baby Jolie-Pitt been correctly conjugated?' agus ar cheart *Nouvelle* a thabhairt uirthi in ionad Shiloh Nouvel. Fadhb eile atá ag an aistritheoir atá ag obair ón mBéarla gan géilleadh don chathú atá luaite ag an gcartúnaí: 'Verbing weirds language. Maybe we can eventually make language a complete impediment to understanding', agus aithris a dhéanamh ar an gclaonadh sa Bhéarla. Más bean í *an príomhoifigeach feidhmiúcháin* ar cheart an phríomhoifigeach feidhmiúcháin a thabhairt uirthi?

Tá roinnnt samplaí thíos mar a bhfuil fadhb nua á cruthú ag an ngnás seo: *b'fhéidir go n-aontódh an mháthair uchtaithe agus*

Aistrigh Leat

an fostóir saoire bhreise uchtaithe gan íocaíocht a chealú sa chás go mbeadh sí tinn, rud a ligfeadh don mháthair aistriú go saoire tinnis le híocaíocht. Is cosúil go bhfuil sé intuigthe gur fear é an fostóir cé nach gá gur fear é. Más amhlaidh atá cé dó a bhfuil *go mbeadh sí tinn* ag tagairt? Luífeadh sé le ciall gurb é an mháthair atá i gceist ach ní thugann an abairt féin aon léargas dúinn go háirithe toisc nach bhfuil aon chinnteacht ann nach é tinneas an fhostóra atá i gceist. An chinnteacht shéimeantach a bhí ann tráth níl sí/sé ann níos mó.

Nuair a deirtear *duine* ní hé an fear atá i gceist ach gach neach beo. Níl aon nasc sa Ghaeilge idir feidhm agus inscne. Tá *fuinneog* baininscneach ach tá *doras* firinscneach. Nuair a chuirtear *sé* mar fhorainm in ionad an duine, tá gach neach beo clúdaithe, fear, bean, éan agus ainmhí. Má chuirtear *sé/sí* in ionad an duine, fágtar gach neach beo eile as an áireamh ach amháin an fear agus an bhean. Ciallaíonn sé sin go bhfuil an t-ainmhí fágtha as an áireamh má chuirtear *sé/sí* isteach óir ní chlúdaítear ach an duine, níl trácht níos mó ar an *it* sa Bhéarla. Téann na rialacha chun siobarnaí. Tá *an inimirce* ach *an t-inimirceach*. Más bean í *an t-inimirceach* ar cheart *an inimirceach* a thabhairt uirthi nó arbh fhearr 'sé/sí' a rá? Má tá riail ar bith le sárú b'fhusa an ceann sin a shárú. De réir rialacha na fóineolaíochta is deacair *an inimirce* a mhíniú agus a chosaint i gcás amháin ach *an t-inimirceach* a chosaint i gcás eile. Más bean é *an t-inghreimtheach* nárbh fhusa *an inghreimtheach* a thabhairt uirthi mar atá *an inghreim*?

An mbaineann an riail seo le hainmhithe, le bláthanna, le héanlaith an aeir, le teangacha? Má tá tagairt san abairt do *ainmhí* an gá an fhoirm *sé/sí* a úsáid san fhorainm freisin ar eagla nach dtuigfí an tagairt ach don madra agus ní don bhitseach

Cuid 1

freisin? Ar cheart feasta *bhí trí choileán aige/aici* a rá? Tá an focal *crann* ina ainmfhocal firinscneach ach tá go leor de speiceas an chrainn baininscneach. I mbunabairt mar *an crann atá i lár na páirce tá sé nó sí ina beith nó ina bheith* níl sé cinnte níos mó an féidir riail gramadaí a leagan síos. Nó sa sampla seo: *más Béarla nó Gaeilge atá á labhairt is é an teanga chéanna é* nó *is í an teanga chéanna í.*

Ansin tá *cat* firinscneach agus tá *cú* firinscneach nó baininscneach. Ar cheart *más cat é/í* a rá? Cé acu is fearr *tá an chuach ina héan nó ina éan* a rá, agus cad faoi *tá an t-éan ina chuach* nó *ina cuach*? Ní mór an ghramadach mar atá sé leagtha amach in *GGll* (13.24) a athbhreithniú nuair a deirtear: 'Is é an forainm firinscneach a úsáidtear go hiondúil in ionad clásal ainmfhoclach nó frása ainmfhoclach, agus i gcásanna eile nach mbeadh aon chúis ar leith ann chun an fhoirm bhaininscneach a úsáid' agus in (13.27) 'Ní hé an t-ainmní ainmfhoclach ach an fhaisnéis a chinneann inscne na fofhaisnéise forainmní de ghnáth'.

Mar bharr ar an donas déanann an nós seo an teanga a chúngú tuilleadh agus déanann sé saothrú na teanga níos deacra mar tá riail shimplí mar dhea á tabhairt isteach agus tá raidhse de rialacha simplí eile a bhí ann á ndéanamh casta. Thar aon ní tá tuilleadh éiginnteachta á tabhairt isteach sa teanga nuair is cinnteacht i ngach gné di atá de dhíth go géar ar an teanga agus ar an aistritheoir ach go háirithe. (Dála an scéil rachainn sa treo eile ar fad agus gach forainm neamhdhaonna a fhágáil san fhirinscneach, is é sin go n-úsáidfí *ann* in ionad *inti* ag tagairt do *teanga, tír, insint, cosaint*, nós atá bunaithe sa teanga cheana, *drochaimsir atá* ann, ach sin scéal eile).

Seo mar shampla ábhar éiginnteachta nach bhfuil sofhuascailte agus a leanann ó loighic an *inscne-neodrach*. Tarlaíonn sampla minic go leor, go háirithe i gcomhthéacs an dlí nuair atá tagairt don chúirt nó do bhinse. Tá *cúirt* baininscneach agus tá *binse* firinscneach. Más fir amháin atá ina mbaill den *chúirt* ar cheart *sé* a úsáid mar fhorainm agus má tá an *binse* i gclochar agus gan ann ach mná arbh fhearr *sí*? Cé acu is cirte feasta: *tá an duine sin ina bhean* nó *tá an duine sin ina bean*? Cuireann sé i gcuimhne an nós aduain a bhí tráth i nGaeilge Uladh *Dia daoibh, a shagairt* a rá. Cad é a déarfaí dá mba bhean í/é an sagart? Más eol gur bean í an breitheamh nó nach bhfuil ar an mbinse ach mná ar chóir an forainm baininscneach a úsáid? Cad é faoin gcomharsa bhéal dorais? Má tá *an t-oifigeach ceoil* ann an fear é nó an féidir gur bean é, agus más bean í ar cheart *oifigeach cheoil* a thabhairt uirthi?

Is baininscneach atá go leor de na cnuasainmneacha sa Ghaeilge: *buíon, cuideachta, cuallacht, táin* bíodh is nach gciallaíonn an inscne sin gur mná amháin atá ina mbaill díobh. Shílfeá gur leor an seantéarma 'hiopanaime' - nuair atá téarmaí sonracha clúdaithe faoin téarma ginearálta faoi mar is hiopanaimí de *toradh* téarmaí mar *úll* agus *piorra*.

Luaim na deacrachtaí seo mar rabhadh don aistritheoir. Níl teanga réamhdhéanta soiléir soláimhsithe ag an aistritheoir. Tá an teanga sin le cruthú, na réimsí dorchachta agus éiginnteachta le soiléiriú agus is é an t-aistritheoir a chruthaíonn an teanga réamhdhéanta sin in aghaidh an lae. An ghramadach atá ann mar áis acu is gramadach a bhaineann go minic le focail agus ní le habairtí ná le ciall.

Cuid 1

5 - Achoimre agus focal scoir: gá le cur chuige sainráite

Tá go leor fadhbanna le sárú ag an aistritheoir go Gaeilge: caithfidh sáreolas a bheith aige ar an ngramadach; caithfidh sé bheith ar an eolas faoi na foclóirí agus na cnuasaigh téarmaíochta agus bheith in ann iad a cheadú go ciallmhar agus caithfidh sé bheith fiosrach, caidéiseach, ceisteach féin i gcónaí. Óir taobh thiar de na fadhbanna ginearálta sin tá bunfhadhb le sárú aige a bhaineann leis an ngramadach sa Ghaeilge. Tá an iomad bainteach leis an tsamhlaíocht agus le saorthoil an duine. Níl an ghramadach sainráite go leor.

Baineann sé seo leis an bhfadhb atá pléite agam in *Ar Thóir Gramadach Nua* (2006). Baineann sé leis an gcur chuige ar an ngramadach a mhíníonn an teanga de réir catagóirí siontachtacha agus ní mar ranna cainte. Tá an t-ainmfhocal, an briathar, an aidiacht, an dobhriathar, an réamhfhocal ina gcatagóirí agus ba chóir gur féidir gach focal dá bhfuil ann a cheangal le catagóir ar leith. Sonraíonn na rialacha siontachtacha cad iad na comhcheangail is gá chun abairt ghramadúil a dhéanamh. De réir an eolais atá againn ar an inchinn tá a shainchúinne féin san inchinn ag gach ceann acu agus is fusa ag an inchinn iad a láimhseáil ach cinnteacht áirithe a bheith ag gabháil leo.

Nuair atá tagairt do fhochatagóiriúchán is iad na rialacha siontachtacha atá i gceist: go bhfuil cuspóir amháin nó níos mó de dhíth, go bhfuil gá leis an réamhfhocal seo, siúd nó eile, is é sin tugann siad eolas dúinn faoin gcomhthéacs inar féidir na briathra a úsáid agus cad iad na hiarmhairtí a leanann uathu. Is

121

amhlaidh don ainmfhocal. Tá gach ball den chatagóir 'ainmfhocal' ina ainmfhocal ach tá sainairíonna ar leith ag gach ceann acu: an bhfuil sé beo nó neamhbheo, an féidir é a chomhaireamh (é a chur san iolra), an bhfuil sé teibí nó neamhtheibí agus mar sin de.

Baineann an fochatagóiriúchán leis an gcomhcheangal idir ainmfhocal agus briathar. Agus seo an áit a bhfuil fíorfhadhb sa Ghaeilge agus an-deacracht ag an aistritheoir. Ba bhreá liom comhairle amháin a thabhairt. Má tá ainmfhocal á dhéanamh as briathar b'inmholta an mhaise gan glacadh leis an ainm briathartha mar atá sé ach comharthaí sóirt an ainmfhocail a chur uime faoi mar atá siad coitianta go leor cheana go fiú in *FGB: ainmniúchán, aistriúchán, aontachas* (nach bhfuil in *FGB*), *bailiúchán, ceannachán, ceapachán, clárúchán, comhdhlúthúchán, creimeachán, daingniúchán* (in Ó Duin), *deimhniúchán, éilliúchán, foirgneoireacht, giorrúchán, gníomhaíocht, (for)léiriúchán, maoirseacht, míniúchán, ordúchán, scrúdúchán* agus ní luaim ach iad. D'fhéadfaí go leor de dheacrachtaí na Gaeilge a fhuascailt ach briathar agus ainmfhocal agus aidiacht a idirdhealú go soiléir ó chéile. Caithfidh an t-aistritheoir bheith dúshlánach misniúil ach an chrógacht sin a fhréamhú san fhéinmhuinín eolach ghéarchúiseach agus gach toradh á mheas faoi choimirce na céille.

Cuid a Dó

Aistrigh Leat

Cuid 2

6 - Ceachtanna éagsúla: téacsanna a bhaineann le réimsí éagsúla

Ní mór gach téacs a léamh go cúramach. Ní mór buncheisteanna áirithe a chur. An bhfuil tábhacht le gach focal agus cad é an tábhacht sin? An bhféadfaí an teachtaireacht chéanna a thabhairt le friotal níos simplí sa Ghaeilge? Cad é an chiall a bhainfear as an aistriúchán? Ceapaim gur tábhachtaí i gcónaí an léitheoir ná an buntéacs. Má thuigeann an léitheoir an téacs agus an teachtaireacht atá sa téacs tá rath ar obair an aistritheora. B'fhiú don aistritheoir mar sin téacs a chumadh amhail is dá mbeadh sé á scríobh go pearsanta aige féin.

Na téarmaí a bhfuil líne fúthu ní mór aird ar leith a thabhairt orthu óir baineann siad le nithe teicniúla nó le ciall atá le soiléiriú.

1. The <u>School Completion Programme</u> (SCP) is a <u>new and expanded programme</u> to <u>deal with</u> early school leaving. The School Completion Programme <u>incorporates</u> the elements of best practice established by the 8-15 Year Old Early School Leaver Initiative (ESLI) and 'Stay-in-School' <u>Retention Initiative</u>. SCP is <u>designed</u> to <u>deal with issues of both concentrated and regionally dispersed disadvantage</u> and is a key component of the Department of Education and Science's strategy to discriminate positively in favour of children and young people who are at risk of early school leaving.

Persons selected for the post will be required to demonstrate a clear understanding of <u>the nature of educational disadvantage</u> and the strategies which can <u>address</u> it, including direct experience in the areas of early school leaving, have experience in developing <u>integrated approaches</u> with community/youth or welfare organisations or agencies, have <u>proven Management, Training and Facilitation skills</u>.

***

<u>School completion programme:</u> tá an abairt seo doiléir go leor don té nach dtuigeann an scéal ach cailltear an coincheap ar fad má fhéachtar le habairt choibhéiseach, mar *an Clár Chríochnú Scoile*, a thabhairt. B'fhearr *an clár chun an scolaíocht a chríochnú*.

<u>New and expanded:</u> is cosúil ar an gcéad léamh go bhfuil codarsnacht anseo ach ní mór an chodarsnacht a aistriú. Is *clár nua agus clár níos fairsinge* atá i gceist.

<u>Deal with agus address:</u> an ionann iad?

<u>Designed to:</u> furasta – *is é is aidhm do* …

<u>Incorporate:</u> ní gá *ionchorpraigh* a úsáid anseo. Is leor agus is soiléire : *is é atá ann* …

<u>Retention initiative:</u> *an tionscnamh chun leanaí a choimeád ar scoil*

<u>Issues of both concentrated and regionally dispersed disadvantage:</u> cad is ciall leis an abairt seo? Níl sé soiléir in aon chor. Tá *míbhuntáiste* ann atá ina fhadhb fhollasach sna cathracha agus sna bailte móra agus ansin tá an fhadhb chéanna faoin tuath ach amháin nach bhfuil sé chomh follasach céanna. Ní fheictear dom gur gá tagairt do *saincheisteanna*; is leor *samplaí*. An gcaillfí aon chuid den chiall dá ndéarfaí *samplaí den*

mhíbhuntáiste atá le fáil áit a bhfuil dlús daonra oiread agus áit a bhfuil tearcdhaonra.

integrated approaches: is dócha gur fearr *cur chuige* a fhágáil san uatha; maidir leis an aidiacht is fearr *atá* a chur roimh *lánpháirtithe/imeasctha* pé acu is fearr.

proven Management, Training and Facilitation skills: tá abairt mar seo le feiceáil gach áit; is dócha gur fearr *cruthaithe* a chur isteach cé nach bhfuil gá leis ach cén chiall a bhainfí as *scileanna cruthaithe bainistíochta, oiliúna agus éascaitheoireachta* nó *sa bhainistíocht, san oiliúint agus san éascaitheoireach*t.

An Clár maidir leis an Scolaíocht a chríochnú, is clár nua agus clár níos fairsinge é chun déileáil le daltaí a fhágann an scoil go luath. Is é atá sa Chlár na codanna is fearr den sárchleachtas arna bhunú ag an Tionscnamh maidir le daltaí 8 – 15 bliain d'aois a fhágann an scoil go luath agus an Tionscnamh Fan ar Scoil chun leanaí a choimeád ar scoil. Is é is aidhm don Chlár déileáil le samplaí den mhíbhuntáiste atá le fáil áit a bhfuil dlús daonra oiread agus áit a bhfuil tearcdhaonra agus is cuid lárnach é de straitéis na Roinne Oideachais agus Eolaíochta chun idirdhealú a dhéanamh go dearfach i bhfabhar leanaí agus daoine óga ar dóigh dóibh an scoil a fhágáil go luath.

Beidh ar dhaoine a roghnófar don phost tuiscint shoiléir a thaispeáint ar cad is míbhuntáiste oideachasúil ann agus na straitéisí chun dul i ngleic leis, lena n-áirítear taithí dhíreach ar na fadhbanna a bhaineann le daltaí a fhágann an scoil go luath; taithí a bheith acu ar chur chuige atá lánpháirtithe a fhorbart le heagraíochtaí nó gníomhaireachtaí pobail/óige nó leasa; scileanna cruthaithe sa Bhainistíocht, san Oiliúint agus san Éascaitheoireacht.

Aistrigh Leat

2. The Irish Research Council for the Humanities and Social Sciences (Supporting <u>Ireland</u>'s <u>Knowledge Society</u>) <u>funds</u> <u>leading edge</u> research which fosters economic, social and cultural expertise beneficial to Ireland's development in a <u>knowledge-driven global environment</u>.

***

<u>Ireland:</u> tá mise an-amhrasach faoin nginideach ní hamháin sa chás seo ach in go leor cásanna dá leithéid cé go bhfuil an nós seanbhunaithe 'Irish' a aistriú mar *na hÉireann* mar atá i sampla mar *foireann rugbaí na hÉireann*. Tá falsacht intleachtúil as cuimse le tabhairt faoi deara sa dóigh ina láimhseálann an Ghaeilge an aidiacht. Tá an difear idir éifeacht an ainmfhocail agus éifeacht na haidiachta an-soiléir i dtaca le tíortha de. Ní hionann *stair na hÉireann* agus *stair Éireannach, pobal na hÉireann* agus *pobal Éireannach*. Ní féidir *is tréith na hÉireann* a rá más *tréith Éireannach* atá i gceist. Más ceart *rialtas na hÉireann* (nó *rialtas na Breataine* nó *na hlodáile*) níor cheart *náisiúntacht/saoránacht na hÉireann* a rá. Braitheann an dara cuid ar chiall an téarma agus ar an gcomhthéacs. An fearr aimsir *na hÉireann* ná *an aimsir Éireannach* nó an fearr *an aimsir in Éirinn*? Cén fáth go mbeadh *Cumann Náisiúnta Saor Adhmaid **na hÉireann*** ar 'the Irish National Union of Woodworkers', nó *Cumann Meaisíneoirí Adhmaid **na hÉireann*** ar 'Irish Society of Woodcutting machinists'? *Sochaí an Eolais in Éirinn* mar sin.

<u>Knowledge:</u> bíodh is go bhfuil rud beag amhrais ann fós (feic an *Foclóir Ríomhaireachta agus Teicneolaíochta **Faisnéise***) is é *faisnéis* rogha na coitiantachta don 'information' nua seo atá chomh mór sin i mbéal an phobail, agus tá *eolas* á thabhairt ar 'knowledge':

Cuid 2

Funds: ní hionann 'funding' (*cistiú*) agus 'financing' (*maoiniú*). Déantar iad a mheascadh go minic.

Leading edge: pé éifeacht réabhlóideach a bhí sa téarma gonta seo an chéad uair a úsáideadh é, níl ann feasta ach sean-nathán; taighde den chéad scoth atá i gceist. Má tá an taighde den chéad scoth is 'leading edge' é.

Economic, social and cultural: fadhb na haidiachta athuair. Samplaí iad seo a leanas de na *srianta roghnaíocha* atá luaite ag Chomsky. Is é is brí leis an teoiric go sainíonn na srianta sin an comhthéacs inar féidir focal ar leith a úsáid. Tá go leor ceisteanna le cur: cén difear atá sa Ghaeilge idir *comhaontuithe miontábhachtacha* agus *comhaontuithe miontábhachta*, idir *leasuithe bunreachta* agus *leasuithe bunreachtúla*? Is cinnte go bhfuil difear ann. Leasú don bhunreacht is *leasú bunreachta* nach gá go bhfuil sé *bunreachtúil*; tagraíonn *leasú bunreachtúil* do leasú ar bith atá de réir an bhunreachta nó ina choinne. Tá ceart *bunreachtúil* ar 'constitutional right' in Acht na gCúirteanna ach tugtar 'leasú bunreachta' sa Dearbhú ar an Aontas Eorpach. An gá go bhfuil *coistí eitice* (ethics committees) *eiticiúil*? An bhfuil difear idir *poiblí* agus *pobail* mar aistriúchán ar 'public'. Ní mór machnamh a dhéanamh i ngach cás. Is fearr *bóthar poiblí, caint phoiblí, earnáil phoiblí, gealltanas poiblí, ospidéal poiblí, post poiblí agus díolacháin phoiblí* (public sales) ach déantar tagairt de ghnáth do *sláinte an phobail* mar is fearr *sláinte an duine* (human health), agus do *teach an phobail* agus do *cearta an duine* seachas *cearta daonna*: d'fhéadfaí a rá go bhfuil *cearta daonna* agus *cearta neamhdhaonna* le ríomh ar chearta an duine; cad faoi 'human teeth'? an *fiacla daonna* iad nó *fiacla an duine*; agus más *fiacla daonna* iad cad é mar a deirtear 'hen's teeth', 'fiacla cearcacha'? Is fíor an cur chuige céanna maidir le gach ball den chorp - *súil, glúin, inchinn, lámh (an) duine*. Is léir

Aistrigh Leat

nach ionann an *t-ord poiblí* agus *ord an phobail*. Cad é an leagan is fearr chun 'public concern' a aistriú? *imní poiblí, imní an phobail* nó *imní ar an bpobal*? Is amhlaidh le *riarthach* agus *riaracháin*. An ionann *caiteachas riaracháin* agus *caiteachas riarthach*? Is cinnte go bhfuil difear idir *riachtanais an riaracháin* (needs of the administration) agus *riachtanais riarthacha* (administrative needs)? Is ionann 'administrative expenditure' gan amhras agus caiteachas a bhaineann le cúrsaí an riaracháin nach ionann agus 'administrative rule' nach mbaineann leis an riarachán ach leis an riar féin. An ionann *tuairimí polaitíochta* agus *tuairimí polaitiúla*? An ionann *fios eolaíochta* agus *fios eolaíoch*? Cad faoi *léarscáil eolaíoch*? An bhfuil difear idir í agus *léarscáil eolaíochta*? Ní gá gurb ionann thar mar is ionann *fios polaitiúil* agus *fios polaitíochta*. Ní mór idirdhealú a dhéanamh maidir le *maoin intleachta*. Is ionann *maoin intleachta* agus na torthaí a thagann as obair na hintleachta. Is cinnte nach bhfuil aon sainghné *intleachtúil* ag gabháil leis an maoin féin. Is amhlaidh le *cultúr*. An tAire Cultúir (nó le Cultúr), ní gá go bhfuil sé féin *cultúrtha* nó lán de chultúr. I mbun na roinne atá freagrach as an gcultúr a chur chun cinn atá sé. Ní gá, mar an gcéanna go bhfuil na baill uile de chiorcal cultúir ina ndaoine cultúrtha. Sin an fáth nach ndéarfaí *an tAire oideachasúil* toisc go bhfuil sé freagrach as an oideachas. Tá difear freisin idir *ollamh eacnamaíochta* agus *ollamh eacnamaíoch*.

<u>knowledge-driven global environment:</u> is iontach chomh minic na sean-natháin i dtéacs a bhaineann leis an taighde. Dhá bhunchoincheap atá i gceist anseo: *eolas* agus *domhandú(chán)*. D'fhéadfaí a mhaíomh go raibh an taighde fréamhaithe san eolas riamh anall agus nach raibh teorainn ná toirmeasc le fís an taighdeora riamh. Ach ní mór an cliché a aistriú: is *timpeallacht an domhandúcháin* atá á cur ar aghaidh faoin mbrú/spreagadh atá ag teacht ón *eolas teicneolaíoch nua*.

Cuid 2

An Chomhairle um Thaighde sna Dána agus sna hEolaíochtaí Sóisialta (ag tacú le Sochaí an Eolais in Éirinn), tugann sí cistiú do thaighde atá den chéad scoth agus a chothaíonn saineolas eacnamaíoch, sóisialta agus cultúrtha atá ar mhaithe leis an bhforbraíocht in Éirinn ag féachaint don domhandúchán atá faoi réir ag an eolas teicneolaíoch.

Aistrigh Leat

3. More and more adopted people and their natural families are looking to make contact with each other. The Adoption Board of Ireland is launching a **National Adoption Contact Preference Register** to assist them. The purpose of the Register is to facilitate contact between adopted people and their natural families. The Register will start **operating** on 3rd May 2005. **Participation** is entirely voluntary and **confidential**.

You can join the Register if you are an adopted person, a natural parent or a natural relative of an adopted person and must be 18 years or over. The Register will allow you to choose from the following range of contact options: willing to meet, willing to exchange letters/information, contact via phone/email, no contact but willing to share **medical information**, no contact but willing to share personal background information, no contact at the moment.

When a match is made between two people who have joined the Register the Adoption Board will initiate contact on a confidential basis. The Register is not open to the public and can only be accessed by **approved** Adoption Board staff.

***

National Adoption Contact Preference Register: aimhréidh cheart atá le ceansú anseo. Ní bheadh *An Clár Náisiúnta um an Rogha Teagmhála Uchtála* ródhona mar is dócha gur *clár náisiúnta* atá mar bhunaonad. Ina dhiaidh sin is cosúil gur *tosaíocht* maidir le *teagmháil* i dtaca leis an *uchtáil* atá i gceist. Ní fiú bheith ag iarraidh aithris a dhéanamh ar ghontacht an Bhéarla, dá mbeadh an Béarla féin go hiomlán soiléir. Déarfaí go bhfuil leagan mar sin leibideach ach is fearr an rósoiléire ná an doiléire.

Cuid 2

operating: seachain *feidhmigh* anseo; tá *oibrigh* lán chomh cruinn.

participation: *rannpháirteachas* is fearr; tá idirdhealú le déanamh idir é agus *rannpháirtíocht* (involvement).

confidential: an ionann 'confidential' agus 'secret'? Ní hionann gan amhras. Más *rúnda* atá ar 'secret' b'fhearr *faoi rún* a thabhairt ar 'confidential'.

medical information: an tseanfhadhb anseo faoin nGaeilge ar 'medical': *leigheas, liacht, míochaine*. B'fhéidir gur fearr *leigheas* a sheachaint óir tá níos mó ná ciall amháin leis anois.

approved: daoine a bhfuil údarás nó formheas faighte acu, *atá formheasta* mar sin.

An Clár Náisiúnta maidir le tosaíocht sa teagmháil i dtaca leis an Uchtáil

Tá líon na ndaoine uchtaithe agus líon a dteaghlach nádúrtha atá ag iarraidh teagmháil a dhéanamh le chéile ag dul i méid. Tá Bord Uchtála na hÉireann ag iarraidh cuidiú leo trí Chlár Náisiúnta maidir le tosaíocht sa teagmháil i dtaca leis an Uchtáil a bhunú. Is é is cuspóir don Chlár an teagmháil idir daoine uchtaithe agus a dteaghlaigh nádúrtha a éascú. Oibreoidh an Clár ón 3ú Bealtaine 2005 ar aghaidh.

Tá cead ag daoine bheith rannpháirteach nó gan bheith agus tá an rannpháirteachas faoi rún. Is féidir leat bheith ar an gClár más duine uchtaithe thú, más tuismitheoir nádúrtha thú nó má tá gaol nádúrtha agat le duine uchtaithe, agus ní mór duit bheith os cionn 18 bliain d'aois. Má tá tú cláraithe is féidir leat teagmháil a dhéanamh ar aon cheann de na bealaí seo a leanas: bheith sásta

Aistrigh Leat

bualadh leis an duine eile, nó litreacha /eolas a mhalartú, nó teagmháil a dhéanamh ar an nguthán nó leis an ríomhphost; gan bheith sásta teagmháil a dhéanamh ach sásta eolas maidir le ceisteanna míochaine a pháirtiú, gan bheith sásta teagmháil a dhéanamh ach sásta eolas faoi do chúlra pearsanta a pháirtiú, gan bheith sásta aon teagmháil a dhéanamh faoi láthair.

A thúisce atá meaitseáil déanta idir beirt atá cláraithe cuirfidh an Bord Uchtála tús leis an teagmháil faoi rún. Níl an Clár ar oscailt don phobal agus níl teacht ar an eolas atá ann ach ag an bhfoireann fhormheasta den Bhord Uchtála amháin.

Cuid 2

4. Applications are <u>invited</u> for the above civilian appointments with the Department of Defence to provide a <u>professional civilian social work service</u> within the <u>Personnel Support Service of the Permanent Defence Force</u>. Candidates must hold the National Qualification in Social Work or equivalent. The <u>successful</u> candidates will be <u>expected</u> to <u>show initiative</u> in working alone; as part of a national Social Work team; and to contribute positively to the ongoing development of the service.The successful candidate for the Western Brigade position will be employed for an inital probationary period of 12 months <u>with the possibility</u> of a full-time contract.

***

<u>invited:</u> feictear dom gur fusa *tá iarratais á lorg* sa chás seo.

<u>professional civilian social work service:</u> fadhb na sraithe anseo: *seirbhís oibre atá sóisialta, sibhialta agus gairmiúil.*

<u>Personnel Support Service of the Permanent Defence Force:</u> *seirbhís tacaíoch don fhoireann* an chéad chuid gan amhras agus níl rogha ann maidir leis an dara cuid *Buanóglaigh na hÉireann.* An gá aon nasc eatarthu an t-aon cheist atá fágtha.

<u>successful:</u> bíonn gach leagan den fhrása seo le feiceáil: *an té a n-éireoidh leis/an té a éireoidh leis* ach tá aidiacht shimplí ann a sheachnaíonn go leor deacrachtaí díomhaoine, *buach.*

<u>expected:</u> *beifear ag súil.*

<u>show initiative (in working alone):</u> is deacair a rá nach bhfreagraíonn na seanabairtí *bheith ag obair ar do chonlán féin/as do stuaim féin.*

<u>with the possibility:</u> b'fhearr an abairt a bhriseadh anseo agus

abairt nua a thosú: *is féidir an conradh a shíneadh go ceann tréimhse eile.*

Tá iarratais á lorg do na ceapacháin shibhialta thuasluaite sa Roinn Cosanta d'fhonn seirbhís oibre sóisialta atá sibhialta, gairmiúil a chur ar fáil sa tSeirbhís Tacaíoch atá ann don Fhoireann i mBuan-Óglaigh na hÉireann. Ní mór an Cháilíocht Náisiúnta in Obair Shóisialta nó a comhionann a bheith ag iarrthóirí. Beifear ag súil go bhfuil na hiarrthóirí buacha in ann oibriú ar a gconlán féin; nó mar bhall d'fhoireann Oibre Sóisialta náisiúnta; agus ionchur dearfach a dhéanamh maidir le forbraíocht leanúnach na seirbhíse. Fostófar an t-iarrthóir buach don phost le Briogáid an Iarthair ar promhadh go ceann tréimhse 12 mí. Is féidir go mbeidh conradh lánaimseartha le fáil dá éis sin.

Cuid 2

5. Revenue will shortly begin a major <u>investigation</u> into <u>undisclosed</u> tax liabilities which relate to funds invested in Life Assurance Products. If you have undisclosed tax liabilities in connection with such investments you now have the <u>opportunity</u> to make a <u>qualifying disclosure</u>*, which will allow you to benefit from significantly reduced penalties; not having your name and <u>settlement</u> details published in the media; and not being investigated with a view to criminal prosecution, provided that you give notice to Revenue no later than 23 May of your intention to make a <u>qualifying disclosure</u>*; and make a full disclosure and pay all due tax, interest and (mitigated) penalties by 22 July. An <u>explanatory</u> leaflet is available from the Revenue website. For additional information contact **Revenue's Underlying Tax (Insurance Products) Project Office**. You may also wish to consult your tax advisor. In the initial phase, the investigation will primarily focus on those whose aggregate investments were €20,000 or greater.

* Certain categories of persons are <u>excluded</u> from making a voluntary disclosure

***

<u>investigation:</u> *imscrúdúchán* is fearr mar atá mínithe thuas.

<u>undisclosed:</u> feic thíos.

<u>opportunity:</u> is fearr cloí le *deis* anseo agus *caoi* a choimeád do 'possibility' nuair is beag an difear sa bhéim eatarthu.

<u>qualifying disclosure:</u> tá fadhb ag an aistritheoir anseo óir is téarma teicniúil atá ann agus tá *faisnéisiú* agus *nochtadh* tugtha sna foclóirí; b'fhéidir gur fearr *faisnéisiú* agus *neamhfhaisnéisithe* ar 'undisclosed'; maidir le 'qualifying' is fearr *cáilitheach*.

settlement: téarma teicniúil eile gan amhras.

explanatory: ar aon dul le *cáilitheach* b'fhearr *mínitheach* anseo.

Revenue's Underlying Tax (Insurance Products) Project Office: is dócha gur *bunúsach* is ciall le 'underlying'; mar sin is é an oifig tionscadail ag na Coimisinéirí Ioncaim atá freagrach as táirgí árachais atá i gceist.

excluded: is é atá i gceist nach bhfuil an ceart seo ag daoine áirithe.

Cuirfidh na Coimisinéirí Ioncaim tús gan mhoill le himscrúdúchán mór i dtaca le dliteanais chánach neamhfhaisnéisithe a bhaineann le cistí arna n-infheistiú i dTáirgí Árachais Saoil. Má tá dliteanais chánach neamhfhaisnéisithe agat a bhaineann le hinfheistíochtaí den chineál sin tá deis agat anois faisnéisiú cáilitheach* a dhéanamh: ciallaíonn sé sin go ngearrfar pionóis i bhfad níos lú ort, nach bhfoilseofar d'ainm agus mionsonraí na socraíochta sna meáin, agus nach n-imscrúdófar thú ar mhaithe le hionchúiseamh coiriúil, ar chuntar go gcuireann tú in iúl do na Coimisinéirí Ioncaim tráth nach déanaí ná 23 Bealtaine go bhfuil sé ar intinn agat faisnéisiú cáilitheach* a dhéanamh, agus go ndéanann tú faisnéisiú iomlán agus go n-íocann tú gach cáin, ús agus pionós (maolaithe) faoin 22 Iúil. Tá bileog mhínitheach le fáil ar láithreán gréasáin na gCoimisinéirí Ioncaim. Chun tuilleadh eolais a fháil déan teagmháil leis an Oifig Tionscadail atá freagrach as Buncháin (Táirgí Árachais) sna Coimisinéirí Ioncaim. Ba chóir duit labhairt le do chomhairleoir cánach freisin. Sa chéim tosaigh, díreoidh an t-imscrúdúchán go príomha orthusan ar fiú €20,000 nó níos mó comhiomlán a gcuid infheistíochtaí.

* Tá catagóirí áirithe daoine ann nach ceadmhach dóibh faisnéisiú deonach a dhéanamh.

Cuid 2

6. **Dormant Accounts Notice: The Courts Service**

Under the terms of the Civil Liability and Courts Act 2004 notice is hereby given that the Accountant of the Courts of Justice has transferred to the Exchequer the sum of €9.3 million in respect of **dormant suitors' funds**. This sum is made up of Dormant Funds and Small **Balances**.

Dormant Funds are defined as funds which have had no **transactions** for more than 15 years. Small Balances are defined as funds with balances of less than €100 which have had no transactions for more than 5 years.

Funds that are transferred in this manner remain the **property** of the suitor and may be reclaimed at any time. If you believe that your account has been classified as dormant and included in this sum you may contact the Accountant at the address below to ascertain what steps are necessary to reclaim your funds. Individuals who make **fraudulent claims** may be guilty of an offence.

***

Tá aird ar leith le tabhairt ar na téarmaí teicniúla sa bhlúire seo.

The Courts Service: ar an drochuair tá an téarma seo seanbhunaithe.

Dormant: tá dhá leagan den téarma seo á n-úsáid; tá *suanach* níos coitianta ach tá *díomhaoin* agus *neamhghníomhach* ann freisin.

Dormant suitors' funds: cá bhfuil an t-aonad anseo? Cé hé atá 'dormant', an é 'funds' nó 'suitors'? Is dócha gurb iad na 'funds' atá i gceist óir is féidir go bhfuil na 'suitors' marbh.

Aistrigh Leat

Fógra um Chuntais Suanacha: An tSeirbhís Chúirteanna

Faoi réir na dtéarmaí san Acht um Dhliteanas Sibhialta agus Cúirteanna 2004 tá fógra tugtha anseo go bhfuil €9.3 milliún aistrithe ag Cuntasóir na gCúirteanna Breithiúnais chuig an Státchiste maidir le cistí suanacha ar le hagróirí iad. Tá an tsuim seo déanta suas de Chistí Suanacha agus Iarmhéideanna Beaga.

Tá Cistí Suanacha sainmhínithe mar chistí nach ndearnadh idirbhearta leo le níos mó ná 15 bliain. Tá Iarmhéideanna Beaga sainmhínithe mar chistí ar lú ná €100 na hiarmhéideanna atá iontu agus nach ndearnadh idirbhearta leo le níos mó ná 5 bliain.

Is leis an agróir fós aon chiste atá aistrithe mar seo agus is féidir iad a éileamh ar ais tráth ar bith. Má chreideann tú go bhfuil do chuntas arna aicmiú mar chiste suanach agus go bhfuil sé ar áireamh sa tsuim seo is féidir leat teagmháil a dhéanamh leis an gCuntasóir ag an seoladh thíosluaite chun fáil amach cad iad na céimeanna atá riachtanach chun do chiste a fháil ar ais. Aon duine a dhéanann éileamh calaoiseach, féadfaidh sé bheith ciontach i gcion.

Cuid 2

7. The Minister for the Information Society invites **proposals** for projects to be **funded** under the eInclusion Fund. The fund, of €1.025m, was established to support the **participation** of later adopters of technology in an inclusive Information Society. The purpose of the eInclusion Fund is to target those who are at greatest risk of being left behind in the move to the Information Society. The call is directed primarily at older people and people with disabilities, and is seeking project proposals which **exploit** the potential of technology to foster communities of **common interest** through on-line services and networks. Projects should focus on digital content and skills development. Applications should include a brief **project overview** and detailed project information (**deliverables**, beneficiaries, detailed budget, etc.).

***

Tá an tAire don tSochaí Faisnéise ag lorg tograí do thionscadail atá le cistiú faoin gCiste Ríomh-Iniamh. Bunaíodh an Ciste seo €1.025m chun cuidiú leo siúd a tháinig isteach go déanach ar an teicneolaíocht a bheith rannpháirteach sa tSochaí Faisnéise iniatach. Is é is cuspóir don Chiste Ríomh-Iniamh díriú orthu siúd is mó atá i mbaol bheith fágtha ar gcúl sa ghluaiseacht i dtreo na Sochaí Faisnéise. Tá an cuireadh seo dírithe go háirithe ar dhaoine meánaosta agus ar dhaoine le míchumas, agus táthar ag lorg tograí tionscadail chun poitéinseal na teicneolaíochta a shaothrú ar mhaithe le pobail a bhfuil leas coiteann acu a chothú trí sheirbhísí ar line agus trí ghréasáin. Ba chóir do na tionscadail díriú ar inneachar digiteach agus ar scileanna a fhorbairt. Beidh ar áireamh san iarratas forléargas gearr ar an tionscadal agus eolas mionsonraithe faoin tionscadal (táirgí insoláthartha, tairbhithe, buiséad mionsonraithe, srl.).

Aistrigh Leat

8. The Commission on School Accommodation was established by the Minister in March 1996 and its current task is to report and make recommendations on the criteria and procedures for establishing and maintaining provision through the medium of Irish in individual second level schools or clusters of schools; **appropriate** support measures for schools either already engaged in such provision or contemplating making provision.

Specifically, the Commission should consider how equity can be ensured across schools of **different management types** and between any different models that may be proposed; how Value for Money can be secured with particular reference to the optimum use of any **excess** physical or human resources in the locality; the level of enrolment that might be required where provision is being established initially; the level of **enrolment** necessary to sustain provision and procedures for approving and withdrawing provision including an appellate tier.

***

Bhunaigh an tAire an Coimisiún um Chóiríocht Scoile i mí an Mhárta 1996, agus is é is cúram reatha don Choimisiún tuarascálacha a thabhairt agus moltaí a dhéanamh ar na critéir agus na nósanna imeachta chun soláthar trí mheán na Gaeilge a bhunú agus a chothabháil i scoileanna aonair nó i gcnuasach de scoileanna ag an dara leibhéal, agus bearta iomchuí tacaíochta le haghaidh scoileanna a bhfuil soláthar den chineál sin á dhéanamh acu cheana féin, nó a bhfuil soláthar den chineál sin á bheartú acu.

Ba chóir don Choimisiún a mheas go sonrach conas is féidir cothromas a chinntiú sna scoileanna uile a bhfuil saghsanna bainistíochta difriúla acu agus idir aon mhúnlaí difriúla a d'fhéadfaí a mholadh; conas is féidir Luach ar Airgead a áirithiú le tagairt ar leith don úsáid is fearr is féidir a bhaint as aon acmhainní fisiceacha nó

Cuid 2

daonna sa bhreis atá sa chomharsanacht; an leibhéal rollúcháin a bheadh riachtanach mar a bhfuil soláthar á bhunú den chéad uair; an leibhéal rollúcháin atá riachtanach chun soláthar a chothabháil, agus nósanna imeachta chun soláthar a fhaomhadh nó a tharraingt siar lena n-áirítear céim achomhairc.

Aistrigh Leat

7 - Téacsanna mar aon le réiteach samplach

Is é atá sa chuid seo téacsanna a bhfuil aistriúchán samplach tugtha orthu. Tá líne sa téacs mar rabhadh don aistritheoir nár mhiste bheith cúramach toisc go bhfuil deacracht de shaghas éigin le sárú bíodh sé bainteach le téarmaíocht, gramadach, ciall nó eile.

1. The National Library of Ireland, one of the country's **premier national cultural institutions**, was established as an **independent Statutory body** on 3rd May 2005 operating under a newly appointed Board. In order to support the Board and management, the Library is seeking to recruit a Head of Human Resources. The holder of this newly created position will play a key role in the strategic development of the Library and **in managing the transition** of the Library from the civil service to an independent Statutory body with full responsibility for the management of its own human **resource function**.

The Head of Human Resources will be responsible for the management of a range of functions and activities **discharged** by a central Human Resources Unit, including recruitment, staff training and development, promotion, employee and industrial relations, performance management etc. Working as part of the senior management team, **she/he** will be responsible for promoting and supporting best HR practice throughout the organisation and for developing the strategic role of the human resource function **to support delivery** of the Library's mission and goals.

The successful candidate will be a **self starter with a proven track record of achievement** in the area of human resources and will have at least five years experience working at senior management level. Excellent leadership, managerial, communication and IT skills are essential. An understanding and knowledge of the broader HRM context in the public sector would be an advantage.

Cuid 2

***

Bunaíodh Leabharlann Náisiúnta na hÉireann, atá ar cheann de phríomhinstitiúidí cultúrtha náisiúnta na tíre, mar chomhlacht Reachtúil neamhspleách ar an 3 Bealtaine 2005 agus é ag oibriú faoi Bhord nua-cheaptha. Chun tacaíocht a thabhairt don Bhord agus don bhainistíocht tá an Leabharlann ag iarraidh Ceann ar Acmhainní Daonna a earcú. An té a cheapfar don phost nua-chruthaithe seo beidh ról lárnach aige i bhforbraíocht straitéiseach na Leabharlainne agus beidh sé freagrach as faireachán a dhéanamh ar an Leabharlann agus an státseirbhís á fágáil aici chun teacht chun bheith ina comhlacht Reachtúil neamhspleách a bhfuil freagracht iomlán uirthi as a hacmhainní daonna féin.

Beidh an Ceann ar Acmhainní Daonna freagrach as bainistíocht a dhéanamh ar raon feidhmeanna agus gníomhaíochtaí atá á gcur i bhfeidhm ag Aonad na nAcmhainní Daonna, lena n-áirítear earcaíocht, oiliúint agus forbraíocht foirne, ardú céime, caidreamh le fostaithe agus caidreamh tionsclaíoch, bainistíocht feidhmíochta etc. Agus é ag obair mar bhall de fhoireann bainistíochta sinsearach, beidh sé freagrach as an gcleachtas is fearr sna hAcmhainní Daonna a chur ar aghaidh agus a chothabháil ar fud na heagraíochta agus as an ról straitéiseach atá ag rannán na n-acmhainní daonna a fhorbairt chun gur féidir leis an Leabharlann an misean agus na spriocanna atá aici a chur i gcrích.

Beidh an t-iarrthóir buach in ann oibriú as a stuaim féin agus cruthúnas maith air sin aige agus beidh taithí cúig bliana ar a laghad aige ag obair ar leibhéal bainistíochta sinsearach. Beidh buanna ar leith aige i dtaca le ceannaireacht, bainistíocht, cumarsáid agus teicneolaíocht faisnéise. Bheadh sé ina bhuntáiste freisin dá mbeadh tuiscint agus eolas aige ar thábhacht na nAcmhainní Daonna san earnáil phoiblí.

Aistrigh Leat

2. Forfás manages the Discover Science & Engineering (DSE) awareness programme on behalf of the government. This programme brings together **existing publicly-funded science, technology and engineering awareness activities** and seeks to expand these in a co-ordinated way with **industry-funded** initiatives. DSE's mission is to contribute to Ireland's continued growth and development as a society that has an active and informed interest in science, engineering and technology.

DSE's overall objectives are to increase the numbers of students studying the physical sciences, to **promote** a positive attitude to careers in science, engineering and technology and to **foster** a greater understanding of science and its value to Irish society.

The successful **applicant** will lead the Discover Science & Engineering **awareness support initiatives** for young people including programmes for both the primary and secondary school cycles and will manage a small team of skilled professionals. Applicants should have excellent and proven experience and understanding of managing and **delivering** awareness programmes, preferably to young people, while working closely with **key stakeholders and related contractors**.

The successful **candidate** will have excellent **visionary management**, interpersonal, communication and representative skills. He or she will also report directly to the Programme Director and contribute to the Discover Science & Engineering's o**verall strategic direction and development**. Candidates should have the **ability to actively manage the delivery of a diverse set of activities** while at the same time leading the design and subsequent implementation of required new initiatives for the target audience. The successsful candidate will be able to work on their own initiative and as a team member.

***

Tá Forfás freagrach thar ceann an rialtais as bainistíocht a dhéanamh ar an gclár feasachta Discover Science & Engineering (DSE). Na gníomhaíochtaí feasachta a bhaineann leis an eolaíocht, an

Cuid 2

teicneolaíocht agus an innealtóireacht, atá ann agus atá maoinithe go poiblí, bailíonn an clár seo le chéile iad agus féachann sé lena leathnú ar dhóigh atá comhordaithe le tionscnaimh arna gcistiú go príobháideach. Is é is misean don DSE dlús a chur le fás agus forbraíocht leanúnach na hÉireann mar shochaí a bhfuil spéis ghníomhach agus eolach aici san eolaíocht, san innealtóireacht agus sa teicneolaíocht.

Is é is cuspóir foriomlán don DSE líon na mac léinn atá ag déanamh staidéir ar na heolaíochtaí fisiceacha a mhéadú, dearcadh dearfach i leith gairmeacha le heolaíocht, le hinnealtóireacht agus le teicneolaíocht a chur ar aghaidh agus tuiscint níos fearr ar an eolaíocht agus ar an luach a bhaineann léi do shochaí na hÉireann a chothú.

Beidh an t-iarratasóir buach freagrach as na tionscnaimh tacaíocha feasachta de chuid Discover Science & Engineering do dhaoine óga a stiúradh lena n-áirítear cláir do bhunscoileanna agus do mheánscoileanna agus beidh foireann bheag de dhaoine gairmiúla faoina stiúir aige. Ba chóir cruthúnas maith a bheith ag iarratasóirí ar an taithí atá acu agus go dtuigtear dóibh conas cláir feasachta, do dhaoine óga ach go háirithe, a bhainistiú agus a chur ar fáil agus lena linn sin bheith ag obair go dlúth leo siúd a bhfuil bun acu sa ghnó agus le conraitheoirí gaolmhara.

Beidh ag an iarrthóir buach buanna ar leith maidir le bainistíocht ghéarchúiseach, maille le scileanna idirphearsanta, scileanna sa chumarsáid agus ciall don ionadaíocht. Tuairisceoidh sé go díreach do Stiúrthóir an Chláir agus rannchuideoidh sé leis an treo agus an fhorbraíocht straitéiseach foriomlán atá ag Discover Science & Engineering a tharraingt suas. Ba chóir go mbeadh ar chumas na n-iarrthóirí bainistíocht ghníomhach a dhéanamh maidir le raon de ghníomhaíochtaí éagsúla a eagrú agus san am céanna bheith chun tosaigh fad a bhaineann leis na tionsnaimh nua is gá a dhearadh agus a chur chun feidhme iardain don spriocmhargadh. Beidh an t-iarrthóir buach in ann oibriú ar a chonlán féin nó mar bhall den fhoireann.

Aistrigh Leat

3. The Department of Finance offers graduates of Economics and Finance an excellent opportunity to be **involved in shaping** the future of Ireland. The main duties and areas of involvement in economics are: forecasting short and medium term trends in the Irish economy, forecasting inflation, employment and unemployment trends, doing in-depth research into **relevant economic issues, providing** economic content for Ministers' speeches, **provision of** economic input for Government publications, providing analyses and briefing on the Irish and international economies, preparation of advice and briefing for senior management and Ministers on the foregoing topics.

And as regards Finance: assessing and advising on **international financial developments**, including strategic developments in international financial services and **financial regulatory issues**, providing analysis of EU legislative initiatives for the financial services, supporting the continued development of **effective and efficient regulatory systems** for financial services, contributing to the development of policies to meet the responsibilites of Ireland's membership of international financial markets impacting on the Irish economy, providing advice and information for senior management and Ministers on financial and banking topics arising in a national or EU context, **internal financial control**. Applicants should have strong quantitative and analytical skills.

There are good career prospects with salary progression and good promotion prospects dependant on performance. Applicants may wish to note that certain bodies, e.g. International Monetary Fund, World Bank, European Union and Organisation for Economic Cooperation and Development can on occasion offer further opportunities to officials.

***

Cuireann an Roinn Airgeadais deiseanna den scoth ar fáil do chéimithe le hEacnamaíocht agus le hAirgeadas chun bheith páirteach i dtodhchaí na hÉireann a mhúnlú. Is iad na

Cuid 2

príomhdhualgais agus na príomhréimsí rannpháirtíochta san eacnamaíocht: treochtaí gearrthréimhseacha agus meántréimhseacha i ngeilleagar na hÉireann a réamhaisnéisiú, treochtaí i dtaca le boilsciú, fostaíocht agus dífhostaíocht a réamhaisnéisiú, miontaighde ar shaincheisteanna eacnamaíocha ábhartha, ábhar eacnamaíoch a chur ar fáil d'óráidí na nAirí, ionchur eacnamaíoch a chur ar fáil d'fhoilseacháin de chuid an Rialtais, anailísí agus faisnéisiú a chur ar fáil faoi gheilleagar na hÉireann agus faoi gheilleagair idirnáisiúnta, comhairle agus faisnéisiú a ullmhú don bhainstíocht shinsearach agus d'Airí i dtaca leis na ceisteanna atá luaite thuas.

Maidir le cúrsaí airgeadais de: measúnú a dhéanamh agus comhairle a chur ar fáil i dtaca le foráis airgeadais idirnáisiúnta, lena n-áirítear foráis straitéiseacha sna seirbhísí airgeadais idirnáisiúnta agus i saincheisteanna rialála airgeadais, anailís a chur ar fáil faoi thionscnaimh reachtacha an AE do na seirbhísí airgeadais, tacú le forás leanúnach ar na córais rialála éifeachtacha agus éifeachtúla do na seirbhísí airgeadais, rannchuidiú le beartais a fhorbairt faoi chomhair na bhfreagrachtaí a leanann ó bhallraíocht na hÉireann i margaí airgeadais idirnáisiúnta a bhfuil tionchar acu ar gheilleagar na hÉireann, comhairle agus faisnéis a ullmhú don bhainstíocht shinsearach agus d'Airí i dtaca le ceisteanna airgeadais agus baincéireachta a thagann chun cinn sa chomhthéacs náisiúnta nó i gcomhthéacs an AE, rialú airgeadais inmheánach. Ba chóir dea-scileanna cainníochtúla agus anailíseacha a bheith ag iarratasóirí.

Tá deiseanna maithe gairme ann agus dul chun cinn i dtaca le tuarastal de, mar aon le deiseanna maithe i dtaca le hardú céime ag brath ar fheidhmíocht. Ba chóir d'iarratasóirí tabhairt dá n-aire go bhféadfadh comhlachtaí áirithe e.g. an Ciste Airgeadaíochta Idirnáisiúnta, an Banc Domhanda, an tAontas Eorpach agus an Eagraíocht um Chomhar agus Forbairt Eacnamaíochta deiseanna breise a chur ar fáil d'oifigigh ó am go chéile.

Aistrigh Leat

4. The Irish Language Unit produces a range of programming for Radio Ulster including current affairs, arts, drama, language learning, outside broadcasts and specialist music programmes. All of these programmes are linked to a popular online site.

As well as providing a comprehensive range of production support you'll contribute ideas for programmes and help develop ideas from other team members. You'll also have the opportunity to conduct interviews and prepare packages. And, in addition to operational duties such as editing and mixing, you'll book and co-ordinate production facilities, clear copyright and assist with the preparation of programme promotion and support material.

A good knowledge of radio production techniques, experience of using IT systems and the potential to develop operational skills will be essential. Fluent in written and spoken Irish, you'll have excellent communication skills and the ability to think creatively. A good general knowledge of Northern Ireland will be important and you'll also need to be able to work well in a team and to tight deadlines.

***

Léiríonn Aonad na Gaeilge réimse clár do Raidió Uladh a chlúdaíonn cúrsaí reatha, na healaíona, drámaíocht, foghlaim teanga, craolacháin seachtracha agus sainchláir cheoil. Tá nasc idir na cláir sin agus suíomh idirlín a bhfuil an-éileamh air.

Ar na dualgais atá le comhlíonadh agat beidh ort tacaíocht chuimsitheach a thabhairt i dtaca le léiriúchán de, smaointe do chláir a chur ar fáil agus beidh tú ag cuidiú le baill eile den fhoireann a gcuid smaointe féin a fhorbairt. Beidh deis agat freisin agallaimh a dhéanamh agus pacáistí a ullmhú. Chomh maith le dualgais oibríochtúla amhail an eagarthóireacht agus meascadh, déanfaidh tú áiseanna léiriúcháin a chur in áirithe agus a chomhordú, réiteoidh tú

Cuid 2

ceisteanna a bhaineann le cóipcheart agus cuideoidh tú le hábhar poiblíochta agus tacaíoch a ullmhú.

Ní mór eolas maith a bheith agat ar theicníochtaí léiriúcháin don raidió, taithí agat ar chórais ríomhaireachta agus an poitéinseal ionat chun scileanna oibríochtúla a fhorbairt. Ní mór bheith líofa i scríobh agus i labhairt na Gaeilge, ardscileanna cumarsáide a bheith agat agus ní mór bheith cruthaitheach. Beidh tábhacht le buneolas ar Thuaisceart Éireann agus ní mór duit bheith in ann saothrú go héifeachtach mar bhall d'fhoireann agus faoi bhrú ama.

5. Rural environment protection scheme: consultative process

The Minister for Agriculture and Food has established a consultative process to assist in formulating proposals to the European Commission for a further revision of the Scheme which will be included in Ireland's CAP Rural Development Plan for the period 2007-2013. The EU Regulations under which the Scheme is currently operated will expire in December 2006.

The consultative process is open to everyone and will cover all aspects of the scheme, including the structure of the rural environment protection scheme, current and new measures, payment rates, controls and sanctions. The consultative process will be in two stages. The first will consist of written submissions by interested parties. The second will be a forum in which those who have made submissions will be invited to participate collectively. (Between the first and second stages, the Department of Agriculture and Food may engage directly with parties who have made submissions). Following these two stages of consultation, the Department must formulate proposals which can be submitted by mid-2006 to the European Commission as part of Ireland's new Rural Development Plan.

The Department invites written submissions from all interested parties. Submissions proposing new measures should identify the objective of each measure, the environmental benefit it offers and the actions needed to ensure that the benefit is delivered. Those making submissions are reminded that payments under the rural environment protection scheme are for actions that go beyond general food farming practice. Under the Single Payment Scheme, farmers are now required to respect the various Statutory Management Requirements (SMRs) set down in EU legislation on the environment, public health, animal and plant health and animal welfare, and to maintain land in Good Agricultural and Environment Condition (GAEC).

Cuid 2

The revised Scheme must be compatible with the EU Regulations for the coming Rural Development period. These have not yet been published. Further information on farmers' current obligations under the Single Payment Scheme is available in the Department's booklet *The Single Payment Scheme-Guide to Cross-Compliance* (March 2005). Further obligations connected with public, animal and plant health and the notification of diseases will arise from January 2006, and from January 2007 there will be requirements about animal welfare. This website will be updated regularly as the additional obligations arise.

***

An scéim chun timpeallacht na tuaithe a chosaint: próiseas comhairleach

Tá próiseas comhairleach don scéim chun timpeallacht na tuaithe a chosaint bunaithe ag an Aire Talmhaíochta agus Bia d'fhonn cuidiú le moltaí a chumadh le tíolacadh don Choimisiún Eorpach ar mhaithe le hathbhreithniú tuilleadh a dhéanamh ar an Scéim a bheidh mar chuid de Phlean nua CAP na hÉireann um Fhorbraíocht na Tuaithe don tréimhse 2007-2013. Rialacháin an AE faoina n-oibríonn an Scéim faoi láthair, rachaidh siad in éag i mí na Nollag 2006.

Tá an próiseas comhairleach ar oscailt do chách agus folóidh sé gach gné den scéim, lena n-áirítear struchtúr na scéime chun timpeallacht na tuaithe a chosaint, bearta reatha agus nua, rátaí íocaíochta, rialuithe agus smachtbhannaí. Beidh dhá chéim sa phróiseas comhairleach. Aighneachtaí i scríbhinn ó pháirtithe leasmhara a bheidh sa chéad chéim. Fóram a bheidh sa dara céim ina dtabharfar cuireadh dóibhsean a bhfuil aighneachtaí déanta acu bheith rannpháirteach i gcomhar le chéile. (Idir an chéad chéim agus an dara céim, féadfaidh an Roinn Talmhaíochta agus Bia dul i gcomhairle go díreach le páirtithe a bhfuil aighneachtaí déanta acu).

Aistrigh Leat

Faoi cheann an dá chéim chomhairliúchán sin, ní mór don Roinn moltaí a chumadh atá le cur faoi bhráid an Choimisiúin Eorpaigh faoi lár na bliana 2006 mar chuid de Phlean nua na hÉireann um Fhorbraíocht na Tuaithe.

Iarrann an Roinn Talmaíochta agus Bia aighneachtaí i scríbhinn ó gach páirtí leasmhar. Na haighneachtaí a mholann bearta nua, ba chóir dóibh a shainaithint cad is cuspóir do gach beart, cad é an tairbhe atá ann don timpeallacht agus cad iad na gníomhartha is gá chun a chinntiú go mbaintear an tairbhe sin amach. Cuirtear i gcuimhne dóibh siúd a bhfuil aighneachtaí á ndéanamh acu go dtugtar íocaíochtaí faoin scéim chun timpeallacht na tuaithe a chosaint as gníomhartha ar mó a scóip ná gnáthchleachtas biathalmhaíochta. Faoin Scéim Íocaíochta Aonair éilítear ar fheirmeoirí anois na Ceanglais Bainistíochta Reachtúla (SMR) a urramú atá leagtha síos i reachtaíocht an AE i dtaca leis an gcomhshaol, le sláinte an phobail, le sláinte ainmhithe agus plandaí agus leas ainmhithe, agus an talamh a chothabháil i riocht maith i dtaca leis an Talmhaíocht agus leis an Timpeallacht (GAEC).

Caithfidh an Scéim athbhreithnithe bheith ag luí le Rialacháin an AE don tréimhse Forbraíocht Tuaithe amach romhainn. Níl siad sin foilsithe go fóill. Tá tuilleadh eolais faoi na hoibleagáidí reatha atá ar fheirmeoirí faoin Scéim Íocaíochta Aonair le fáil i leabhrán na Roinne **The Single Payment Scheme-Guide to Cross Compliance** *(Márta 2005). Tiocfaidh tuilleadh oibleagáidí chun cinn ó Eanáir 2006 ar aghaidh i ndáil le sláinte an phobail, le sláinte ainmhithe agus plandaí agus le galair a chur in iúl, agus ó Eanáir 2007 ar aghaidh beidh ceanglais ann i ndáil le leas ainmhithe. Tabharfar an láithreán gréasáin suas chun dáta de réir mar a thagann na hoibleagáidí breise chun cinn.*

Cuid 2

6. End of post-nuptial citizenship scheme

The Department of Justice, Equality and Law Reform reminds the public of the ending of the process of acquiring Irish citizenship by declaration commonly known as "Post-Nuptial Citizenship".

Non-nationals who fulfil the statutory conditions** for making a declaration of post-nuptial citizenship and who wish to avail themselves of the process must complete a correctly-worded declaration and sign it before an appropriate witness (who must also sign) on or before 29 November 2005.

Intending declarants should take whatever steps are necessary, including seeking legal advice, to ensure that the declaration and affidavit forms are correctly worded, signed and witnessed on or before 29 November 2005.

A significant number of forms received are returned for amendment, mainly involving the section of the declaration or affidavit where the witness declares how he/she knows the declarant or Irish spouse. Extreme care should be taken when completing this section.

Persons who maintain their usual place of residence in Ireland should lodge their application at the Department of Justice, Equality and Law Reform, Citizenship Section, 13/14 Burgh Quay, Dublin 2. All other persons should contact the Irish embassy or consular office nearest to their usual place of residence.

Details about post-nuptial citizenship and the necessary forms can be accessed and downloaded from the Department's website at www.justice.ie.

A helpline, specifically to deal with post-nuptial citizenship matters, *Lo-Call 1890 252217*, will operate from 10am to 12.30pm, Monday to Friday, commencing on 31 October 2005 and ending on 9 December 2005. It will not be possible to deal with matters unrelated to post-nuptial citizenship on this helpline.

Aistrigh Leat

** The statutory conditions are as follows:

- The non-national in question must be married to an Irish citizen (who is Irish other than by naturalisation, post-nuptial citizenship or honorary citizenship) for at least 3 years, and

- the marriage must be valid (i.e. one recognised as a marriage under Irish law) and subsisting (i.e. not terminated by divorce or otherwise), and

- the couple must be living together as husband and wife on the date of lodgement of the declaration, and the Irish spouse must submit an affidavit to that effect.

***

Deireadh leis an scéim um shaoránacht iarphósadh

Meabhraíonn an Roinn Dlí agus Cirt, Comhionannais agus Athchóirithe Dlí don phobal go bhfuil deireadh á chur leis an bpróiseas trína ndéantar saoránacht na hÉireann a fháil trí dhearbhú dá ngairtear go coitianta "Saoránacht iarphósadh".

Neamhnáisiúnaigh a chomhallann na coinníollacha reachtúla** maidir le dearbhú um shaoránacht iarphósadh agus ar mian leo leas a bhaint as an bpróiseas, ní mór dóibh dearbhú ina bhfuil an fhoclaíocht ceart a chomhlánú agus a shíniú i láthair finné iomchuí (caithfidh an finné an dearbhú a shíniú freisin) ar an 29 Samhain 2005 nó roimhe sin.

Daoine a bhfuil sé ar intinn acu dearbhú a dhéanamh ba chóir dóibh na céimeanna is gá a thabhairt, lena n-áirítear comhairle dlí a lorg, d'fhonn a chinntiú go bhfuil an fhoclaíocht ceart sa dearbhú agus sna foirmeacha mionnscríbhinne, go bhfuil siad sínithe i gceart i láthair finné ar an 29 Samhain 2005 nó roimhe sin.

Ní mór líon suntasach de na foirmeacha arna bhfáil a sheoladh ar

Cuid 2

ais lena leasú; ar chúiseanna a bhaineann den chuid is mó leis an mír sin den dearbhú nó den mhionnscríbhinn ina ndearbhaíonn an finné go bhfuil aithne aige ar an dearfóir nó ar an gcéile Éireannach. Ní mór bheith fíorchúramach agus an mhír sin á comhlánú.

Maidir le daoine a choinníonn a ngnáthchónaí in Éirinn, ba chóir dóibh an t-iarratas a dhéanamh leis an Roinn Dlí agus Cirt, Comhionannais agus Athchóirithe Dlí, An Rannóg Saoránachta, 13/14 Cé Burgh, Baile Átha Cliath 2. Ba chóir do gach duine eile teagmháil a dhéanamh le hAmbasáid na hÉireann nó leis an oifig chonsalach is gaire dá ngnátháit chónaithe.

Is féidir teacht ar na mionsonraí faoin tsaoránacht iarphósadh agus ar na foirmeacha riachtanacha agus iad a íoslódáil ó láithreán na Roinne ag www.justice.ie.

Beidh cabhairlíne chun déileáil go sonrach le hábhair a bhaineann leis an tsaoránacht iarphósadh, **Lóghlao 1890 252217**, i bhfeidhm ó 10am go 12.30pm, Luan go hAoine; cuirfear tús leis ar an 31 Deireadh Fómhair 2005 agus cuirfear deireadh leis ar an 9 Nollaig 2005. Ní féidir déileáil le hábair nach mbaineann leis an tsaoránacht iarphósadh ar an gcabhairlíne sin.

** Is iad seo a leanas na coinníollacha reachtúla:

- Ní mór don neamhnáisiúnach i gceist bheith pósta ar shaoránach de chuid na hÉireann (ar Éireannach é ar bhealach eile seachas trí eadóirseacht, trí shaoránacht iarphósadh nó trí shaoránacht oinigh) ar feadh 3 bliana ar a laghad, agus

- ní mór don phósadh bheith bailí (i.e. pósadh atá aitheanta mar phósadh faoi dhlí na hÉireann) agus ar marthain (i.e. gan bheith foirceannta trí idirscaradh nó eile), agus

- ní mór don lánúin bheith ina gcónaí le chéile mar fhear agus mar chéile ar an dáta a taisceadh an dearbhú, agus ní mór don chéile Éireannach mionnscríbhinn chuige sin a thíolacadh.

7. Financial crime analyst and forensic accountant in the Criminal Assets Bureau (CAB)

The role of financial crime analyst involves obtaining, analysing and evaluating financial information, trends and structures arising in the course of investigations into assets linked to criminal activity, and assisting in the development of systems for such analysis.

Applicants must hold a recognised degree or equivalent qualifications having taken crime analysis, accountancy, or a financial discipline as a major subject in the final degree examination; or a degree in Information Technology; or in another relevant discipline; or possess a professional Accountancy qualification and be a member of a recognised body of accounts or be entitled to such membership.

Applicants must also have three years post graduate experience, or satisfactory relevant experience in statistical and/or data analysis and techniques; and have experience of creation, development and management of databases.

The Forensic Accountant appointed will provide professional accounting advice in relation to investigations by the Bureau in the identification and tracing of proceeds of crime.

Applicants must possess a professional accountancy qualification and be a member of a recognised body of accountants or be entitled to such membership; and have satisfactory experience in examining accounts from a fraud or criminal perspective with a view to bringing possible prosecution; and have extensive computer skills.

***

Cuid 2

Anailísí um choireacht airgeadais agus cuntasóir fóiréinseach leis An Biúró um Shócmhainní Coiriúla (CAB)

Is é atá le déanamh ag an anailísi um choireacht airgeadais eolas, treochtaí agus struchtúir airgeadais a thagann chun cinn nuair atá sócmhainní atá bainteach le gníomhaíocht choiriúil a imscrúdú aige a fháil, a anailísiú agus a mheas agus cuidiú le córais a fhorbairt i gcomhair anailís den sórt sin.

> **Nóta:** Níl mé cinnte in aon chor go bhfuil an mhír sin intuigthe. B'fhearr comhairle Murdoch a leanúint sa chás seo agus an abairt a mhionbhriseadh mar seo: *Ar na dualgais atá ar an anailísí um choireacht airgeadais caithfidh sé eolas, treochtaí agus struchtúir a fháil, a anailisiú agus a mheas. Tagann sé orthu nuair atá sócmhainní a bhaineann le gníomhaíocht choiriúil á n-imscrúdú aige. Ina theannta sin caithfidh sé cuidiú le córais a fhorbairt chun a leithéid d'anailís a dhéanamh.*

Ní mór d'iarratasóirí céim aitheanta nó cáilíocht choibhéiseach a bheith acu agus agus ní mór anailís coireachta, cuntasaíocht, nó disciplín airgeadais bheith ina mhórábhar i scrúdú deiridh na céime; nó céim sa Teicneolaíocht Faisnéise; nó i ndisciplín ábhartha eile; nó cáilíocht ghairmiúil sa Chuntasaíocht a bheith acu agus bheith mar bhall de chomhlacht aitheanta Cuntasóirí nó bheith i dteideal ballraíochta den sórt sin.

Ní mór d'iarratasóirí freisin taithí trí bliana iarchéime, nó taithí ábhartha sásúil, a bheith acu ar anailís agus ar theicníochtaí staitistiúla agus ar anailís agus ar theicníochtaí sonraí; agus taithí a bheith acu ar bhunachair shonraí a chruthú, a fhorbairt agus a bhainistiú.

Cuirfidh an Cuntasóir Fóiréinseach atá le ceapadh comhairle ghairmiúil cuntasaíochta ar fáil i ndáil le himscrúdúcháin arna *ndéanamh ag an mBiúró maidir leis na fáltais ón gcoireacht a shainaithint agus a rianú.*

Ní mór d'iarratasóirí cáilíocht ghairmiúil sa chuntasaíocht a bheith acu agus bheith mar bhall de chomhlacht aitheanta Cuntasóirí nó bheith i dteideal ballraíochta den sórt sin; agus taithí shásúil a bheith acu ar chuntais a scrúdú ó thaobh na calaoise nó na coireachta d'fhonn ionchúiseamh a dhéanamh más iomchuí; agus scileanna ríomhaireachta den scoth a bheith acu.

Cuid 2

8. In accordance with Section 5 of the *Radio and Television Act 1988* ("the 1988 Act"), the Broadcasting Commission of Ireland ("the BCI") hereby invites applications in writing from any person or body interested in securing sound broadcasting contracts for the provision of the following sound broadcasting services:

National broad format sound broadcasting service on the FM Band

Applications are invited in respect of the provision of a national sound broadcasting service of relevance to listeners throughout the State. The service will have a broad format and will comprise a minimum of 30% speech programming with a strong emphasis on news and current affairs. The service should be of relevance to a core audience in the 20-44 age group.

Applications are invited in respect of the provision of a quasi-national sound broadcasting service of relevance to listeners throughout the State. The service will have a strong emphasis on news/speech programming and target a 25+ audience.

The service area will include a large part of the State but will not provide universal coverage. It will be transmitted by a network suitable for the provision of a monophonic speech service. The network will comprise a reduced number of transmitter sites, and significantly reduced power, when compared to the national service licensed by the Commission.

Attention is drawn to the relevant criteria laid down in Section 6(2) of the 1988 Act, as amended by Section 60 of the Broadcasting Act 2001, and to the duties that will be imposed on successful applicants under the various provisions of the 1988 Act.

Applications must be completed in accordance with the detailed format prescribed in the BCI's Guide to Submissions for the Provision of a National Sound Broadcasting Service, December 2005 and the Guide

Aistrigh Leat

to Submissions for the Provision of a Quasi-national Sound Broadcasting Service, December 2005. These Guides, which also contain other relevant information in respect of the application procedures, are available on the BCI's web site.

***

*I gcomhréir le hAlt 5 **d'Acht Raidió agus Teilifíse 1988** ("Acht 1988"), tugann Coimisiún Craolacháin na hÉireann ("CCÉ") cuireadh d'aon duine nó comhlacht iarratais i scríbhinn a dhéanamh más spéis leo conarthaí fuaimchraolacháin a fháil chun na seirbhísí fuaimchraolacháin seo a leanas a sholáthar:*

Seirbhís náisiúnta fuaimchraolacháin ar leathanfhormáid agus ar Mhinicíocht FM

Fáilteofar roimh iarratais maidir le seirbhís náisiúnta fuaimchraolacháin a sholáthar a mbainfeadh lucht éisteachta ar fud an Stáit tairbhe as. Seirbhís leathanfhormáide is ea é agus beidh 30% ar a laghad de na cláir bunaithe ar an gcaint, le béim láidir ar nuacht agus ar chúrsaí reatha. Ba chóir go mbainfeadh bunlucht éisteachta san aoisghrúpa 20-44 tairbhe as an tseirbhís.

Fáilteofar roimh iarratais maidir le seirbhís gharnáisiúnta fuaimchraolacháin a sholáthar a mbainfeadh lucht éisteachta ar fud an Stáit tairbhe as. Beidh béim láidir sa tseirbhís ar chláir nuachta/cainte agus beidh sé dírithe ar lucht éisteachta 25+.

Fad a bhaineann le limistéar na seirbhíse, beidh cuid mhór den Stát clúdaithe ach ní bheidh clúdach iomlán ann. Tarchuirfear é ar ghréasán atá oiriúnach chun seirbhís chainte monafónach a sholáthar. Cuimseoidh an tseirbhís líon laghdaithe de shuímh tarchuradóirí, agus beidh an chumhacht laghdaithe go suntasach, má

Cuid 2

chuirtear i gcomparáid í leis an tseirbhís náisiúnta atá ceadúnaithe ag an gCoimisiún.

B'fhiú aird a thabhairt ar na critéir ábhartha atá leagtha síos in Alt 6(2) d'Acht 1988, mar atá arna leasú ag Alt 60 den Acht Craolacháin 2001, agus ar na dualgais atá forchurtha ar na hiarratasóirí buacha faoi na forálacha éagsúla d'Acht 1988.

Ní mór na hiarratais a chomhlánú i gcomhréir leis an bhformáid mhionsonraithe atá forordaithe sa Treoirleabhar ag CCÉ maidir le haighneachtaí a dhéanamh ar Sheirbhís Náisiúnta Fuaimchraolacháin a sholáthar, Nollaig 2005 agus sa Treoirleabhar maidir le haighneachtaí a dhéanamh ar Sheirbhís Gharnáisiúnta Fuaimchraolacháin a sholáthar, Nollaig 2005. Tá na Treoirleabhair seo, ina bhfuil eolas ábhartha eile maidir leis na nósanna imeachta iarratais, ar fáil ar shuíomh idirlín an CCÉ.

9. Procedures for the civil registration of a death in Ireland

As from the commencement of the relevant provisions of the Civil Registration Act, 2004 on 5 December 2005, the applicable procedures for the registration of a death within the state are as follows:

1. Under Section 42 of the Act, upon the death of a person following an illness, a registered medical practitioner who attended the deceased during the illness must complete and sign Part 1 of the Death Notification Form, stating to the best of his or her knowledge and belief the cause of death. Part 1 of the form concerns general details of the deceased and incorporates the medical cause of death details.

2. Section 42 also provides that the registered medical practitioner must give the Death Notification Form to a relative of the deceased, provided a relative exists and that relative is capable of acting as a qualified informant.

3. Under Section 37(1) of the Act, the relative must complete and sign Part 2 of the form, which concerns additional personal details of the deceased. Upon completion of Part 2, the relative must give the form to any Registrar of Births, Deaths & Marriages as soon as possible but no later than three months from the date of death. In order to complete the registration, the relative is required to sign the Register of Deaths in the presence of a Registrar.

4. Under Section 37(1)(a) and for the purpose of these procedures, the term "relative who is capable of acting as a qualified informant" means a relative of the deceased (whether by blood or by marriage) who has knowledge of the required particulars in relation to the death and who is not incapable of complying with these procedures by reason of ill-health.

Cuid 2

5. Where the registered medical practitioner can find no relative of the deceased who is capable of acting as a qualified informant, the Death Notification Form should be given to the Chief Officer (or to an officer authorised by the Chief Officer) of the hospital (if the death occurred in a hospital) or to an Undertaker or other qualified informant in cases where the death did not occur in a hospital.

6. Where a death occurred in a hospital or other institution, organisation or enterprise, it is incumbent on the Chief Officer or authorised person to satisfy him or herself that a relative can be found to carry out the obligation to register the death. If it is ascertained that no relative who is capable of acting as a qualified informant can be found, the Chief Officer or authorised person should assume the role of qualified informant, complete and sign Part 2 of the Death Notification Form, give it to a Registrar and sign the Register. The death should be registered as soon as possible after the event, but no later than three months from the date of death.

7. Where a death occurred other than in a hospital or other institution and the Death Notification Form has been given by a registered medical practitioner to a qualified informant who is not a relative of the deceased, it is incumbent on that person to satisfy him or herself that a relative can be found to carry out the obligation to register the death. If it is ascertained that no relative who is capable of acting as a qualified informant can be found, the qualified informant who is in possession of the Death Notification Form must complete and sign Part 2 of the form, give it to a Registrar and sign the Register.

8. Under Section 37(2) of the Act, where more than 3 months have elapsed since the date of death, any qualified informant who receives a Death Notification Form from a registered medical practitioner must complete and sign part 2 of the form, give it to a Registrar of Births, Deaths and Marriages and sign the Register of Deaths in the presence of the Registrar.

9. Section 41 of the Act provides that deaths occurring due to causes other than illness, or where there was no medical attendance prior to the death, are to be referred to the Coroner who will make arrangements to have the death registered.

10. A person who fails to comply with the requirements of the Civil Registration Act 2004 may be guilty of an offence.

List of Qualified Informants
(other than relatives of the deceased)

Any person present at the death; any other person who has knowledge of the required particulars; if the death occurred in a building used as a dwelling or a part of a building so used, any person who was in the building or part at the time of the death; if the death occurred in a hospital or other institution or in a building or a part of a building occupied by any other organisation or enterprise, the chief officer of the institution, organisation or enterprise (by whatever name called) or a person authorised by the chief officer to perform his or her functions; a person who found the body of the person concerned; a person who took charge of that body; the person who procured the disposal of that body, or any other person who has knowledge of the death.

***

Cuid 2

Nósanna imeachta chun clárúchán sibhialta báis a dhéanamh in Éirinn

Amhail ó thosach feidhme na bhforálacha iomchuí den Acht um Chlárú Sibhialta, 2004 an 5 Nollaig 2005, is iad seo a leanas na nósanna imeachta is infheidhme chun bás a chlárú sa stát;

1. Faoi Alt 42 den Acht, ar bhás duine tar éis breoiteachta, ní foláir do lia-chleachtóir cláraithe a d'fhriotháil ar an duine éagtha le linn na breoiteachta Cuid 1 den Fhoirm Fógartha Báis a chomhlánú agus a shíniú, á rá, de réir mar is fearr is eol dó agus mar a chreideann sé, cad ba chúis leis an mbás. Baineann Cuid 1 den fhoirm le sonraí ginearálta an duine éagtha agus tá ar áireamh ann na sonraí maidir leis an gcúis mhíochaine atá leis an mbás.

2. Tá sé leagtha síos in Alt 42 freisin nach foláir don lia-chleachtóir cláraithe an Fhoirm Fógartha Báis a thabhairt do ghaol leis an duine éagtha, má tá an gaol sin ann agus go bhfuil sé in ann gníomhú mar fhaisnéiseoir cáilithe.

3. Faoi Alt 37(1) den Acht, ní foláir don ghaol Cuid 2 den fhoirm, a bhaineann le sonraí pearsanta breise an duine éagtha, a chomhlánú agus a shíniú. Ar Cuid 2 a chomhlánú, ní foláir don ghaol an fhoirm a thabhairt d'aon Chláraitheoir Breitheanna, Básanna agus Póstaí a luaithe is féidir ach tráth nach déanaí ná trí mhí ó dháta an bháis. D'fhonn an clárúchán a chomhlánú, tá iallach ar an ngaol an Clár Básanna a shíniú i láthair Cláraitheora.

4. Faoi Alt 37(1)(a) agus chun críche na nósanna imeachta seo, ciallaíonn an téarma "gaol atá in ann gníomhú mar fhaisnéiseoir cáilithe" gaol leis an duine éagtha (cibé acu gaol fola nó cleamhnais) a bhfuil eolas aige faoi na sonraí riachtanacha i ndáil leis an mbás agus nach bhfuil neamhinniúil de dheasca easláinte ar na nósanna imeachta seo a chomhlíonadh.

Aistrigh Leat

5. I gcás nach féidir leis an lia-chleachtóir cláraithe aon ghaol leis an duine éagtha, atá in ann gníomhú mar fhaisnéiseoir cáilithe, a aimsiú ba chóir an Fhoirm Fógartha Báis a thabhairt don phríomhoifigeach (nó d'oifigeach arna údarú ag an bpríomhoifigeach) san ospidéal (más in ospidéal a tharla an bás) nó d'Adhlacóir nó d'fhaisnéiseoir cáilithe eile i gcásanna nach in ospidéal a tharla an bás.

6. Má tharla an bás in ospidéal nó in institiúid, eagraíocht nó fiontar eile, tá sé de dhualgas ar an bpríomhoifigeach nó ar an duine údaraithe a dheimhniú dó féin go bhféadfar gaol a aimsiú chun an oibleagáid a chomhlíonadh maidir leis an mbás a chlárú. Má fhionnaítear nach féidir gaol atá in ann gníomhú mar faisnéiseoir cáilithe a aimsiú, ba chóir don phríomhoifigeach nó don duine údaraithe ról an fhaisnéiseora cáilithe a ghabháil air féin, Cuid 2 den Fhoirm Fógartha Báis a chomhlánú agus a shíniú, í a thabhairt don Chláraitheoir agus an Clár a shíniú. Ba chóir an bás a chlárú a luaithe is féidir i ndiaidh an teagmhais, ach tráth nach déanaí ná trí mhí ó dháta an bháis.

7. Má tharla an bás in áit seachas in ospidéal nó in institiúid eile agus go bhfuil an Fhoirm Fógartha Báis tugtha ag an lia-chleachtóir cláraithe d'fhaisnéiseoir cáilithe nach gaol leis an duine éagtha, beidh sé de dhualgas ar an duine sin a dheimhniú dó féin go bhféadfar gaol a aimsiú chun an oibleagáid a chomhlíonadh maidir leis an mbás a chlárú. Má fhionnaítear nach féidir gaol atá in ann gníomhú mar fhaisnéiseoir cáilithe a aimsiú, ní foláir don fhaisnéiseoir cáilithe a bhfuil an Fhoirm Fógatha Báis ina sheilbh aige Cuid 2 den fhoirm a chomhlánú agus a shíniú, í a thabhairt do Chláraitheoir agus an Clár a shíniú.

8. Faoi Alt 37(2) den Acht, má tá breis agus 3 mhí caite ó dháta an bháis, ní foláir d'aon fhaisnéiseoir cáilithe, a fhaigheann Foirm Fógartha Báis ó lia-chleachtóir cláraithe, Cuid 2 den fhoirm a

Cuid 2

chomhlánú agus a shíniú, í a thabhairt do Chláraitheoir Breitheanna, Básanna agus Postaí agus an Clár Básanna a shíniú i láthair an Chláraitheora.

9. *Tá sé leagtha síos in Alt 41 den Acht, maidir le básanna a tharlaíonn de bharr cúiseanna seachas breoiteacht, nó i gcásanna nach raibh aon fhriotháil mhíochaine ann roimh an mbás go bhfuil siad le tarchur chuig an gCróinéir agus déanfaidh seisean socruithe chun an bás a chlárú.*

10. *Aon duine nach gcomhlíonann na ceanglais san Acht um Chlárú Sibhialta, 2004, d'fhéadfadh sé bheith ciontach i gcion.*

Liosta de na Faisnéiseoiri Cáilithe
(seachas gaolta leis an duine éagtha)

Aon duine atá i láthair ag an mbás; aon duine eile a bhfuil eolas aige faoi na sonraí riachtanacha; má tharla an bás i bhfoirgneamh arna úsáid mar theaghais nó i gcuid d'fhoirgneamh arna úsáid amhlaidh, aon duine a bhí san fhoirgneamh nó i gcuid de tráth an bháis; má tharla an bás in ospidéal nó institiúid eile nó foirgneamh nó cuid d'fhoirgneamh atá ar áitiú ag aon eagraíocht nó fiontar eile, an príomhoifigeach ar an institiúid, eagraíocht nó fiontar (cibé ainm a thugtar air) nó duine atá údaraithe ag an bpríomhoifigeach chun a fheidhmeanna a chomhlíonadh; duine a tháinig ar chorp an duine i gceist; duine a chuaigh i gcúram an choirp; an duine a rinne an corp sin a dhiúscairt, nó aon duine eile a bhfuil eolas aige faoin mbás.

Aistrigh Leat

10. Public Information Office: arrangements for State Funerals of the Volunteers of the War of Independence. State honours will be extended for the funerals of the ten volunteers of the War of Independence who were executed in Mountjoy Prison in 1920/21.

The removal will take place from the prison following a private prayer service for relatives. Led by an army motorcycle escort of honour, the cortege will make its way to the Pro Cathedral by the following route ... At the G.P.O. honours will be rendered by a Cadet Guard of Honour and a lone piper playing a lament. The cortege will then proceed via Cathal Brugha Street to the Pro Cathedral for a Solemn Requiem Mass at 2 pm.

Following the Mass the cortege will proceed to Glasnevin Cemetery where there will be a graveside oration by the Taoiseach. En route there will be a short pause at the Garden of Remembrance at approximately 3.45 pm, where a minute's silence will be observed.

Public Access:
- members of the public will be able to view the cortege at the various points along the route.

- Pro Cathedral: due to space restrictions it will only be possible to accommodate a very limited number of the public in the Pro Cathedral Courtyard.

- Places in the courtyard (which will be under cover) will be allocated on a first-come basis.

- Access to the courtyard is via Cathedral Street. No admissions can be facilitated after 1 pm.

Members of the public (pedestrian access only) who wish to view the ceremony at Glasnevin cemetery should enter via the Bell or Violet Hill Gates and proceed to the St. Patrick's and St. Brigid's areas, where limited space will be available.

Cuid 2

At the end of the ceremony when families and official guests have departed, the public will be able to pay their respects at the graves.

There will be traffic restrictions on all the above-mentioned routes. Further details will be provided by the Gardaí and AA Roadwatch closer to the date.

***

Fógra faisnéise poiblí: socruithe do na Sochraidí Stáit d'Óglaigh Chogadh na Saoirse. Tabharfar onóracha Stáit do shochraidí an deichniúr óglach ó Chogadh na Saoirse a cuireadh chun báis i bPríosún Mhoinseó i 1920/21.

Tógfar na coirp ón bpríosún tar éis seirbhís urnaithe príobháideach do na gaolta. Rachaidh an tsochraid agus í á tionlacan ag coimhdeacht ghradaim de ghluaisrothair an Airm go dtí an Leas-Ardeaglais ar an mbealach seo a leanas ... Ag Ardoifig an Phoist bronnfaidh Garda Gradaim de Dhaltaí na honóracha agus déanfaidh píobaire aonair caoineadh a chasadh. Rachaidh an tsochraid ar aghaidh ansin via Sráid Chathail Brugha go dtí an Leas-Ardeaglais le haghaidh Aifreann Sollúnta na Marbh ag a 2.00 i.n.

Tar éis an Aifrinn rachaidh an tsochraid ar aghaidh go dtí Reilig Ghlas Naíon. Sroichfidh sí Glas Naíon thart ar 4.00 i.n., áit a dtabharfaidh an Taoiseach óráid bhéal na huaighe. Ar an mbealach beidh stad beag ag an nGairdín Cuimhneacháin timpeall 3.45 i.n. mar a bhfanfaidh daoine ina dtost ar feadh nóiméid.

Rochtain ag an bPobal:

- Beidh baill den phobal in ann an tsochraid a fheiceáil ag pointí éagsúla feadh an bhealaigh.

Aistrigh Leat

- An Leas-Ardeaglais: de bharr srianta spáis ní féidir ach líon teoranta den phobal a ligean isteach i gclós na Leas-Ardeaglaise.

- Tabharfar cead isteach sa chlós seo (a bheidh faoi chumhdach) dóibh siúd is túisce ar an láthair.

- Is trí Shráid na hArdEaglaise an bealach isteach sa chlós. Ní féidir éinne a ligean isteach tar éis 1.0 i.n.

Reilig Ghlas Naíon:

Ba cheart do bhaill den phobal (cead isteach ag coisithe amháin) ar mian leo an searmanas i nGlas Naíon a fheiceáil dul isteach trí Gheata an Chloig nó trí Gheata Chnoc na Sailchuaiche agus ar aghaidh as sin go limistéir Naomh Pádraig agus Naomh Bríd mar a mbeidh spás teoranta ann.

Nuair atá an searmanas thart agus na teaghlaigh agus na haíonna oifigiúla ar shiúl, beidh an pobal in ann ómós a thabhairt ag na huaigheanna.

Beidh srianta tráchta ar na bealaí thuasluaite uilig. Cuirfidh an Garda Síochána agus AA Roadwatch sonraí breise ar fáil níos giorra don dáta.

Cuid 2

11. The Minister has set up an Advisory Committee on the Education of the Deaf and Hard of Hearing. The advisory committee will review the adequacy of the current range of educational support services available to students who are deaf and hard of hearing; identify and prioritise areas of service provision which require development or adjustment; bring forward such proposals as are considered appropriate in order to ensure the development and delivery of an appropriate, effective education support service for students who are deaf and hard of hearing.

The Advisory Committee is anxious to consult on as wide a scale as possible, particularly with those who have a particular interest in and/or personal experience of the services already in place and have recommendations to make for improving them. As part of this process it is proposed to hold regional meetings at a future date in convenient centres throughout the country if there is a demand for them. In the meantime the Advisory Committee would welcome submissions.

***

Tá Coiste Comhairleach maidir le hOideachas a chur orthu sin atá bodhar nó a bhfuil drochéisteacht orthu curtha ar bun ag an Aire. Is é is cúram don choiste scrúdú a dhéanamh faoina oiriúnaí atá an raon reatha de sheirbhísí tacaíochta san oideachas atá ar fáil do mhic léinn atá bodhar nó a bhfuil drochéisteacht orthu; na réimsí den tseirbhís atá i ngátar forbraíochta nó coigeartúcháin a shainaithint agus tosaíocht a thabhairt dóibh; moltaí a dhéanamh a mheastar is iomchuí chun seirbhís tacaíoch san oideachas atá iomchuí éifeachtach a chur ar fáil do mhic léinn atá bodhar nó a bhfuil drochéisteacht orthu.

Ba mhaith leis an gCoiste Comhairleach comhairliúchán chomh forleathan agus is féidir a dhéanamh, go háirithe leo siúd a bhfuil suim ar leith acu sna seirbhísí atá ann cheana féin agus/nó taithí phearsanta acu orthu. Mar chuid den phróiseas tá sé beartaithe cruinnithe réigiúnacha a thionól amach anseo i lárionaid áisiúla ar fud na tíre má tá an t-éileamh ann. Idir an dá linn ba mhór ag an gCoiste Comhairleach aighneachtaí a fháil.

12. The Arts Council / An Chomhairle Ealaíon is the Irish Government's development agency for the arts. The Council's work is carried out by professional staff headed by a Director. Specialist Arts Officers deal with specific portfolios and the Council is currently seeking to appoint a Music Officer.

The Music Officer will be responsible for the day-to-day management of the Music section and its support team. This will involve researching, developing and implementing policies to support and promote all forms of music; providing advice and information to the general public, the arts community, public bodies, agencies and others on all aspects of music; processing grant applications from a wide range of individuals and organisations.

The ideal candidate will have a demonstrated track record in the music field with a knowledge of the Arts Council's policy and practice; a vision for the development of music in Ireland keeping in mind the broader context of the contemporary arts; effective skills in problem solving and decision making, within strict deadlines, and the ability to operate within established procedures and systems in a public sector environment requiring accountability and transparency.

***

Cuid 2

Is é atá sa Chomhairle Ealaíon an ghníomhaireacht chun na healaíona a fhorbairt thar ceann Rialtas na hÉireann. Cuireann foireann ghairmiúil a bhfuil Stiúrthóir i gceannas orthu obair na Comhairle i gcrích. Déileálann Oifigigh Ealaíne speisialaithe le cúraimí sonracha agus i láthair na huaire tá an Chomhairle ag iarraidh Oifigeach Ceoil a cheapadh.

Beidh an tOifigeach Ceoil freagrach as rannóg an cheoil agus an fhoireann tacaíoch a ghabhann leis an rannóg a bhainistiú ó lá go lá. Is é atá i gceist taighde a dhéanamh ar bheartais maidir le tacaíocht a thabhairt do gach saghas ceoil agus iad a chur ar aghaidh agus na beartais sin a fhorbairt agus a chur chun feidhme; comhairle agus eolas a chur ar fáil don ghnáthphobal, do lucht na n-ealaíon, eagrais phoiblí, gníomhaireachtaí agus eile; iarratais ar dheontais ó raon leathan de dhaoine aonair agus ó eagraíochtaí a chíoradh agus a phróiseáil.

Beidh sé cruthaithe ag an iarrthóir idéalach go bhfuil fios a ghnó aige sa cheol agus eolas aige ar bheartas agus cleachtas na Comhairle Ealaíon; beidh fís aige faoin dóigh is fearr chun an ceol a fhorbairt in Éirinn ag féachaint do na healaíona comhaimseartha i gcomhthéacs níos leithne; beidh scileanna éifeachtacha aige maidir le fadhbanna a fhuascailt agus cinntí a dhéanamh laistigh de spriocamanna diana, agus caithfidh sé bheith in ann gníomhú laistigh de ghnáthaimh agus córais san earnáil phoiblí mar a bhfuil gá le cuntasacht agus trédhearcacht.

Aistrigh Leat

13. Project Manager for National Native Woodland Survey

Tenders are invited from suitably qualified vegetation scientists to undertake a national survey of native woodlands for a period not exceeding 5 years beginning in January. The survey aims to ascertain the extent, distribution, variation, conservation significance and silvicultural status of the resource and to classify the stands using standard phytosociological analytical techniques.

The work will include identifying and locating sites from maps, aerial photos etc.; field surveys, including releve sampling, phytosociological analyses, vegetation classification; silvicultural assessments; production of regular reports and a final written report.

The successful candidate will report to a steering committee consisting of members of Dúchas, Forest Service and COFORD. Day to day co-ordination will be with Research Section of Dúchas National Parks & Wildlife.

Applicants should have a degree in botany, ecology or an equivalent qualification together with practical and field experience and in particular knowledge of the ecology, phytosociology and taxonomy of the flora of Irish woodlands. An understanding of silvicultural practices would be an advantage. Applicants will have good organisational abilities, expertise in data processing and use of vegetation analytical programmes, access to suitable vehicles and current, clean driving licences.

***

Cuid 2

Bainisteoir Tionscadail le haghaidh Suirbhé Náisiúnta ar Choillearnacha Dúchasacha

Tá tairiscintí á lorg ó eolaithe cuícháilithe fásra chun dul i mbun suirbhé náisiúnta ar choillearnacha dúchasacha ar feadh tréimhse nach mó ná 5 bliana dar tús mí Eanáir. Is é is aidhm don suirbhé fionnachtain cad é is fairsinge, dáileachán, comhathrúchán, tábhacht chaomhantais agus stádas foraoiseolaíoch don acmhainn agus déanfar na clampaí a aicmiú ag baint úsáid as teicnící anailíseacha fíteasocheolaíocha caighdeánacha.

Cuimseoidh an obair na láithreáin a shainaithint agus a shuíomh ó léarscáileanna agus ó ghrianghraif ón aer, srl.; suirbhéanna allamuigh, lena n-áirítear sampláil fásra, anailísí fiteasocheolaíocha, aicmiú fásra; measúnachtaí foraoiseolaíocha; tuarascálacha tráthrialta agus tuarascáil deiridh i scríbhinn a tháirgeadh.

Tuairisceoidh an t-iarrthóir buach do choiste stiúrtha ar a bhfuil comhaltaí de Dhúchas, den tSeirbhís Foraoiseachta agus de COFORD. Comhordóidh an Rannóg Taighde de Dhúchas, Páirceanna Náisiúnta agus Fiadhúlra, an obair ó lá go lá.

Ba chóir céim sa luibheolaíocht, san éiceolaíocht nó cáilíocht choibhéiseach a bheith ag na hiarrthóirí mar aon le taithí phraiticiúil agus taithí allamuigh agus eolas ach go háirithe ar an éiceolaíocht, an fhiteasocheolaíocht agus an tacsanomaíocht a ghabhann le flora i gcoillearnacha na hÉireann. Ba bhuntáiste é tuiscint a bheith ag iarrthóirí ar chleachtais foraoiseolaíocha. Ní mór d'iarrthóirí freisin dea-chumais eagrúcháin a bheith acu, mar aon le saineolas ar shonraí a phróiseáil agus ar chláir anailíseacha fásra a úsáid, rochtain ar fheithiclí agus ceadúnas tiomána reatha glan.

14. National development plan: Leaving Certificate technologies support service

The Department of Education and Science will introduce new and revised syllabi in the Leaving Certificate suite of technology subjects over the next number of years. The first of these subjects to be introduced include Leaving Certificate Technology (New), and Leaving Certificate Design and Communication Graphics (Revised). These two subjects will be introduced in September 2007 for examination in 2009.

The Teacher Education Section of the Department of Education and Science intends to establish a Leaving Certificate Technologies Support Service to lead the creation and design of the related professional development programme and to co-ordinate and participate in its delivery.

Applications are invited from suitably qualified teachers for the position of National Co-ordinator. Applicants must currently hold a position in a recognised second-level school or be on secondment from such a position. Ideally applicants should meet the following criteria: have a recognised qualification in a relevant subject area; have at least three years' experience teaching a technology subject(s) in second level schools; have had involvement in curriculum development and/or experience of designing and delivering teacher in-career development courses; have excellent leadership, interpersonal, communication and presentation skills; have excellent organisation, management and ICT skills.

The successful applicant will be seconded for an initial period of one year with a possibility of further extensions available in line with the normal procedures for secondments. The Support Service is to be administered by the Galway Education Centre.

***

Cuid 2

Plean forbraíochta náisiúnta: seirbhís tacaíoch do na teicneolaíochtaí san Ardteistiméireacht

Tá sé ar intinn ag an Roinn Oideachais agus Eolaíochta siollabais nua athcheartaithe a thabhairt isteach sna blianta atá romhainn sna hábhair teicneolaíochta san Ardteistiméireacht. Beidh an Teicneolaíocht (Nua) san Ardteistiméireacht agus Grafaic Dhearaidh agus Chumarsáide (Athcheartaithe) san Ardteistiméireacht ar áireamh sna chéad ábhair atá le tabhairt isteach. Tabharfar isteach an dá ábhar sin i Meán Fómhair 2007; beidh siad á scrúdú i 2009.

Tá sé beartaithe ag an Rannóg chun Oidí a Oiliúint sa Roinn Oideachais agus Eolaíochta Seirbhís Tacaíochta do na Teicneolaíochtaí san Ardteistiméireacht a bhunú chun cúram a dhéanamh den chlár forbraíochta gairmiúil atá gaolmhar leis trína chruthú agus a chumadh, agus chun bheith rannpháirteach ina chur i gcrích.

Táthar ag lorg iarratas ó mhúinteoirí cuícháilithe don phost mar Chomhordaitheoir Náisiúnta. Ní mór d'iarratasóirí bheith fostaithe faoi láthair i scoil aitheanta dara leibhéal nó bheith ar iasacht ó phost dá leithéid. Go hidéalach, ba chóir d'iarratasóirí na critéir seo a leanas a chomhall: cáilíocht aitheanta a bheith acu i réimse atá ábhartha don ábhar; trí bliana taithí ar a laghad a bheith acu ábha(i)r teicneolaíochta a mhúineadh i scoileanna dara leibhéal; bheith rannpháirteach i gcuraclaim a fhorbairt agus/nó taithí a bheith acu ar chláir forbraíochta inseirbhíse d'oidí a chumadh agus a chur i gcrích; sár-scileanna ceannaireachta, idirphearsanta, cumarsáide agus cur i láthair a bheith acu; sár-scileanna san eagrúchán, sa bhainistíocht agus sa teicneolaíocht faisnéise.

Beidh an t-iarratasóir buach ar iasacht ar feadh bliana a chéaduair agus is féidir an tréimhse a shíneadh ar aon dul leis na gnáthnósanna imeachta is infheidhme ar iasachtaí. Beidh an tSeirbhís Tacaíoch á riar ag Ionad Oideachais na Gaillimhe.

Aistrigh Leat

Nótaí agus Foinsí

Nótaí

[1] Luaite in *The London Times*, 1 Bealtaine 2006 sa mholadh mairbh ar J.K. Galbraith.

[2] Ba cheart a rá anseo más rud é nach bhfuil an t-aistritheoir ar aon aigne leis an gCoiste agus gurbh fhearr gan an leagan atá molta ag an gCoiste a úsáid, gur cheart an t-eolas sin a thabhairt don Choiste mar aon leis an leagan atá úsáidte agus an comhthéacs lena mbaineann; bheadh sé cuiditheach freisin ar ndóigh míniúchán gearr a thabhairt ar an gcúis nach rabhthas sásta leis an téarma ón gCoiste. Tá deis curtha ar fáil feasta ag www.focal.ie chun an próiseas idirghníomhach sin a bhrostú.

[3] Bhí múinteoir sa Bhéarla ag iarraidh an foclóir ag na daltaí a mhéadú : 'What is the opposite of sadness ?' 'Joy' arsa cailín amháin. 'And the opposite of depression, Jimmy ?' 'Elation', a dúirt sé. 'And you, Sam, what is the opposite of woe ?' 'I guess it would have to be *giddy-up*'.

[4] Séamas Ó Murchú, *An Teanga Bheo: Gaeilge Chonamara*, Baile Átha Cliath, 1998, lch. 15; tá nithe inspéise le rá aige freisin ar lgh. 22 agus 29.

Foinsí

------ 1958. *Téarmaí Dlí.* Baile Átha Cliath.

------ 1986. *Foclóir Póca.* Baile Átha Cliath.

------ 1989. *Foclóir Staidéir Gnó.* Baile Átha Cliath.

Cassin, B. eag. 2004. *Vocabulaire Européen des Philosophies.* Paris.

de Boinod, A. J., 2005. *The Meaning of Tingo.* London.

Eagleson, R.D., luaite in Murdoch, H.; feic thíos.

Jespersen, O; 1938. *Essentials of English Language.* London.

Kriwaczek, P. 2005. *Yiddish Civilisation.* New York.

Longman, A.W. 1993. *Longman Language Activator.* London.

Mac Clúin, S.1922. *Réilthíní Óir.* Baile Atha Cliath.

Mac Lochlainn, A. 2000. *Cuir Gaeilge Air.* Baile Átha Cliath.

Mac Maoláin, S. 1957. *Lorg an Bhéarla.* Baile Atha Cliath.

Mac Maoláin, S. 1992. *Cora Cainte as Tír Chonaill*. Baile Átha Cliath. 1ú eagrán 1933.

Mac Murchaidh, C. 2006. *Cruinnscríobh na Gaeilge.* Baile Átha Cliath. 1ú eagrán 2002.

McArthur, T. 1981. *Longman Lexicon of Contemporary English.* London.

McKenna, L.A.J. 1935. *English-Irish Dictionary.* Dublin.

McWhorter, J. 2005. *Doing Our Own Thing: The Degradation of Language and Music.* London.

Murdoch, H. 2006. 'Put plainly, we need our laws in simple English', in *The Irish Times*, 27 May 2006.

Murdoch, I. 1957. *The Sandcastle.* London.

Nótaí agus Foinsí

Newmark, P. 1996. 'Looking at English Words in Translation' in *Words, Words, Words.* Anderman, G., Rogers, M. eds. London.

Ó Buachalla, L. 1935 *Bunadhas an Gheilleagair.* Baile Átha Cliath.

Ó Catháin, L. 2001. *Focal sa Chúirt.* Baile Átha Cliath.

Ó Baoill, D. 1996. 'Gramadach na Gaeilge agus na Bráithre Críostaí' in *Gníomhartha na mBráithre.* M. Ó Cearúil eag. Baile Átha Cliath.

Ó Doibhlin, B.1998. *Gaoth an Fhocail.* Baile Átha Cliath.

Ó Doibhlin, B. 2001. *Sanasán Diagachta.* Baile Átha Cliath.

Ó Dúlacháin, L. 1964. *Téarmaí Cuntasaíochta.* Baile Átha Cliath.

Ó Máille, T. 2002. *An Béal Beo,* Baile Átha Cliath. 1ú eagrán 1936.

Ó Murchú, S. 1998. *An Teanga Bheo: Gaeilge Chonamara.* Baile Átha Cliath.

O'Neill Lane, T. 1918. *Lane's Larger English-Irish Dictionary: Foclóir Béarla-Gaedhilge.* Dublin. 1ú eagrán 1904.

Ó Ruairc, M.1994. *Ó Chómhargadh go hAontas.* Baile Átha Cliath.

Ó Ruairc, M.1996. *Dúchas na Gaeilge.* Baile Átha Cliath.

Ó Ruairc, M.1997. *Aistrigh go Gaeilge.* Baile Átha Cliath.

Ó Ruairc, M. 2001. 'An bhfuil Éalang ar an nGaeilge nó ar an nGaeilgeoir?' in *Ceist na Teanga, Léachtaí Cholm Cille XXXI*: 48-63. Maigh Nuad.

Ó Ruairc, M. 2006. *Ar Thóir Gramadach Nua.* Baile Átha Cliath.

Ó Síothcháin, M. 1944. *Sean-Chaint na nDéise.* Baile Atha Cliath. 1ú eagrán 1906.

Partridge, E. 1980. *In In His Own Words,* David Crystal, ed. London.

Safire, W. 1981. *On Language,* New York.

Sartre, J.-P. 1964. *Les Mots.* Paris.

Ua Maoileoin, P. 1978. *Ár Leithéidí Arís.* Baile Átha Cliath.